JN267694

エスキモーに氷を売る

Ice to the Eskimos

Jon Spoelstra
ジョン・スポールストラ
中道暁子＝訳

魅力のない商品を、いかにセールスするか

きこ書房

ICE TO THE ESKIMOS
by Jon Spoelstra

Copyright © 1997 by Jon Spoelstra
Japanese translation rights arranged with
HarperCollins Publishing Inc.
through Japan UNI Agency, Inc., Tokyo.

謝　辞

「不可能なことは信じることができない」

「たぶん、おまえはまだ練習が足りないね」と女王は言った。

「私がおまえくらいの年頃には、毎日三〇分ずつ練習をしたわ。そうそう、朝食の前に不可能なことを六つも信じたことがあったっけ」


——ルイス・キャロル『鏡の国のアリス』より

私が不可能なことを考えるのを許してくれたすべての人たちに感謝を捧げたい。そもそもの始まりは、もちろん私の両親だった。それから妻のリサ、子どもたちのモニカとエリックもそれぞれの役割を果たしてくれた。仕事のうえではラリー・ワインバーグがいた。彼はポートランド・トレイルブレイザーズのオーナーだったが、私が不可能なことを考えるよう望んだだけでなく、私を応援してくれた。

はじめに

この本を読むに当たって、読者の方々には多くを記憶に留めて思い出し、実行していただきたいと思う。これから紹介する「ジャンプ・スタート・マーケティング」と名づけた原則の中のたった一つだけでも実行すれば、あなたは有利な立場に立つことができるはずだ。多くの原則を実行するなら、エスキモーの人たちに氷を売り込むことさえ可能だろう。

私は、このテクニックは、どんな分野の、どの商品にも、また、どの企業にも適用できると考えている。本書では、私のジャンプ・スタート・マーケティングの原則を説明するのに、スポーツチームのマーケティングの分野から例を多く引いている。ということは、こうしたマーケティングの原則を理解するには、読者もスポーツファンでなければならないのだろうか。答えはもちろんノーである。間違えないでいただきたいのは、本書は**「スポーツ・マーケティングの本ではない」**ということだ。この本を読んだからといって、プロのスポーツチームに入れるわけではない。読者にできることは、本書のジャンプ・スタート・マーケティングのアイディアと原則を、すぐにでも自分のビジネスの分野に適用してみることだけだ。

もし、あなたが実際にスポーツファンなら、鉄鋼や化学肥料、スポーツソックスのマーケティングの話よりは、この本で挙げられた例の方が読んでいて面白いし、アイディアそのものも、より応用がきくということは納得していただけると思う。
会社が成長していないときは、二つの選択肢しかない。ジャンプ・スタート・マーケティングを使うか、それともギロチンを引っ張り出してきてリストラを始めるかである。

毎日のニュースからもわかるように、リストラの方がより一般的な方法のように見える。リストラは手っ取り早い。たった一つのメモで、多くの従業員のクビを切ることができる。ウォール街のアナリストたちは、リストラはコンピュータ・ゲームで遊ぶようなものだと考えているに違いない。しかし、リストラはゲームではない。それによって排除されるのは、現実の家族と請求書をかかえた生身の人間なのである。

たいていの場合、リストラには会社をジャンプ・スタートさせる効果はあまりない。確かに、短期的には収益は改善したように見えるかもしれない。しかし、リストラは成長を遅らせるだけなのだ。すべての血が流された後、会社は結局は成長について考えないわけにはいかなくなるだろう。

ジャンプ・スタート・マーケティングは、リストラに比べればはるかに難しい。一つのメモが世界を変えるようなことはない。しかし、ジャンプ・スタート・マーケティングの方がはるかに効果がある。それによって会社は成長し、より大きな利益を上げるようになるからだ。

会社が成長し利益を上げている方が、従業員にとっても経営者にとっても、ずっと楽しいはずである。

私がニュージャージー・ネッツの社長の職を引き受けたとき、友人たちは、私が完全におかしくなったとでもいうように私のことを見た。

「あそこへ行けばキャリアを殺すことになるんだよ」と一人の友人が言った。「君にはすばらしいキャリアがあって、ポートランド・トレイルブレイザーズでは大いに名声を高めたっていうのに、いったい何だってネッツのために、それを危険にさらさなきゃならないんだ？」

別の友人は言った。

「君は北西部からジャージーへ引っ越すんだろう？　もし君が連邦証言者保護プログラムに入っていたとしても、君は安全だよ。誰もそんなふうに移動するとは考えもしないからね」

ポートランドでは、ブレイザーズは模範的なフランチャイズだった。聞こえてくる唯一の批判といえば、しょせんポートランドはチームが一つしかない田舎町にすぎないじゃないか、というものだった。否定論者は、こうした状況なら誰がマーケティングしたって成功するさ、と言うだろう。

もちろん私は、実際はそうでないと知っていた。われわれはポートランドでマーケティング戦略をつくりだして発展させ、それをスポーツ界がこぞってまねたのだ。私は、その原則がどこでも使えると頭ではわかっていたが、それが別の場所で実際にうまくいくのを経験したことはなかった。ニュージャージーは、ジャンプ・スタート・マーケティングの原則が、オレゴン州ポートランド以外でも有効かどうかを見るには完璧な場所だった。

ポートランドにはプロのチームは一つしかなかった。一方、ニュージャージーには（ニューヨーク地区の一部とみなすなら）九つのプロのチームがあった。ブレイザーズは地域社会の一部になっていたが、ニュージャージーの地域社会はネッツをほとんど無視していた。ブレイザーズは祟《たた》りを受けていなかった。ネッツにはドクター・Jの祟り（15ページ参照のこと）があった。

ポートランドで発展させた原則をニュージャージーへ持っていったとき、私は奇妙なことに気づいた。それは楽しさということだ。マーケティングによって会社をジャンプ・スタートさせるのは、安定した会社を経営するよりも楽しいとわかったのだ。

私にとってジャンプ・スタート・マーケティングが楽しいものであるなら、あなたにとっても楽しいはずだ。それには次に挙げるような十分な理由がある。

(1)自分で可能だと考えているより、高くジャンプする

もしバーをセットする位置が低すぎたら、高くジャンプすることはできない。ニュージャージー・ネッツの場合、バーはずっと上の方に置かれていた。私はそこから去って、バーが高すぎると言うこともできた。そうはせずに、われわれはジャンプ・スタート・マーケティングを使ったが、これはバーの前に小さなトランポリンを置いたようなものだった。何度か試した後、われわれは実に高くジャンプできるようになったが、それでもやっとバーに触れてバーが落ちる程度だった。ついにそれをクリアできると、バーをさらに高くしていった。

われわれはバーを繰り返しクリアした。それは何と楽しかったことか！　あなたもジャンプ・スタート・マーケティングの原則とテクニックを用いれば、同じタイプの楽しさを見つけることができるのだ。確かに、今はバーは空に縫いつけられているように見えることだろう。だが、ちょっと待って、私にこの小さなトランポリンを下に置かせてほしい。さあ、試すのだ。あなたはこれまで

になく高く舞い上がり、その楽しさがどんなものかわかるだろう。

⑵傷あとの組織を、傷あとのないきれいな皮膚にする

テレビで、塗ると美しくなるというスキンクリームのインフォマーシャルを見たことがおありだろう。ジャンプ・スタート・マーケティングはこれより効果的なのだ。

私がニュージャージー・ネッツで仕事を始めたとき、オーナーから「ここの従業員の多くは仕事への意欲が乏しく、頭が切れる方でもなく、とにかく気楽すぎるのです」と言われた。

私は別の印象を受けた。私は攻撃的に身構えて、ある状況に入っていくようなことはしなかった。私はいつも、スタッフは成功を望んでいると感じていたが、現在の組織ではそれは不可能だった。われわれは、ジャンプ・スタート・マーケティングをどれだけ大量投与すれば効き目があるか見ることにした。

ジャンプ・スタート・マーケティングを使ってしばらくすると、遅刻の常習者が早めに来るようになった。夕方五時の三〇分前になるとカウントダウンを始めていた別の従業員たちは、遅くまで仕事をするようになった。従業員たちは、仕事上の改善点についてのアイディアを思いつくようになった。

長年の間に積み重なってきた傷あとの組織が、きれいな皮膚に変わっていった。それはインフォマーシャルのスキンクリームのように、一夜にして起こる変化ではない。それは毎日毎日の、毎週毎週のプロセスであり、それによってこの人たちは、以前とくらべれば生き生きとして、仕事に興

味を抱くようになり、また冷笑的な態度が影をひそめて、仕事をずっと楽しむようになった。

これが、会社がジャンプ・スタート・マーケティングのモードにあるときに起こることである。従業員は成功を見、感じ、それに触れ、それを夢見るのだ。

このすべてを見て経験することで、それは楽しいものになる。

エスキモーに氷を売る●もくじ

カバー・本文イラスト：山本タカコ

第1章

商品には、あってはまずいところに
欠点があるもの

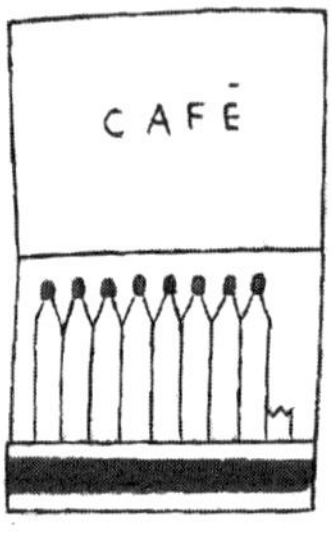

Jump Start Marketing ❶

自分が誰かを見誤るな

私たちのほとんどは、最高の商品を、最大の広告予算を使って、最良のマーケットに売り込み、最大のシェアを獲得するといったチャンスには、まず出合えない。現実には、ほとんどの場合、私たちの商品には、あってはまずいところに欠点や弱点があるものだ。私たちの仕事は、こうした完全ではない商品を首尾よく売り込むことにある。私は、こうしたタイプの商品を人一倍多く扱ってきた。

二七個の商品しかない世界で、売上げが二七位の商品を見ていると想像してほしい。私がネッツの二人のオーナーとディナーを共にする前の五年間、ネッツの入場料収入はNBA（全米バスケットボール協会）で常に最下位だった。

もし最下位で終わるのが名誉なことなら、ネッツはむしろ廃業し、その栄誉によってその名をアリーナの梁《はり》に掲げられていた方がよかっただろう。

では、ニュージャージー・ネッツについての簡単なレポートを挙げよう。

(1)ひどい商品

それまでの五年間、ネッツはNBAで最下位か最後から二番目という成績だった。選手のプレーがお粗末なうえに、変人ぞろいときているから、まともなファンがつかないのだ。次の記録を見ていただければ、チームの状態は一目瞭然《りょうぜん》だろう。

シーズン	勝ち	負け
一九八六～八七	二四	五八
一九八七～八八	一九	六三
一九八八～八九	二六	五六
一九八九～九〇	一七	六五
一九九〇～九一	二六	五六

「ははあ！」とあなたは声高に言うかもしれない。

「チームがお粗末だから観客が来ないんだ。チームが勝てばファンも見に来るはずだ。勝たなければ無理さ」

　これはいかにも理屈に合っているように聞こえるのだが、実は間違っている。勝ったからといって必ずしもアリーナのチケット完売につながるわけではないということは、すでに何回も証明済みなのだ。

　こうした例は枚挙《まいきょ》にいとまがなく、しかも、アメリカだけにとどまらない。つまり世界的な現象なのだ。自分のチームが勝っても、そのままアリーナ、あるいはスタジアムのチケット完売につながるというわけではない。アトランタ・ホークスに聞いてみるといい。このチームは、一九九三～九四年のシーズンにＮＢＡのイースタン・カンファレンスで最高の成績を収めた。しかし、同時に入場者数では最下位から二番目だった。

　日本のプロ野球チーム、西武ライオンズはどうか。このチームは、一一年間で七回、日本シリーズで優勝している。しかし、観客数は大したことない。

プロのバスケットボール・チーム、リアルマドリッドもそうだ。一九九〇年代に三年連続でヨーロッパ・チャンピオンになったチームだが、地元のアリーナではいつも半分のチケットしかさばけない。さらに悪いことに、マドリッドの別のチームが、成績はずっと悪いのに、観客動員数ではリアルマドリッドをしのいでいたのだ。しかも、両方のチームは同じアリーナをホームにしていた。

ゲームに勝てばファンが見に来るという理屈は、なるほどもっともなことのように聞こえる。しかし、その理屈は、最高の商品が最大のシェアを獲得するというのと同じように間違っているのである。

(2)商品に対する祟り

これはなかなか面白い話だ。ネッツは間違いなく祟りを受けていた。「ドクター・Jの祟り」だ。ネッツは、昔のABA（アメリカ・バスケットボール協会）の時代に、チャンピオンシップを二回獲得しているのだ。しかし、NBAになってから、チームは極端な資金不足に陥った。その解決策として、ジュリアス・アーヴィング（つまりドクター・J）を、フィラデルフィア・セブンティシクサーズへ売ったのだ。彼は、マイケル・ジョーダンが現れるまでバスケットボール史上、最もエキサイティングなプレーヤーだった。シカゴ・ブルズがマイケル・ジョーダンを金で売ることを想像してほしい。シカゴのブルズ・ファンがどう反応するだろうか。ネッツがドクター・Jを売ってからというもの、チームはずっと最低のままだ。チャンピオンシップから最低へ。それが「ドクター・Jの祟り」なのだ。

⑶ホームタウンでさえ、人気の商品ではない

ネッツは、自分のマーケットであるホームでさえ人気のあるプロ・バスケットボール・チームではなかった。これは、会社が直営店を所有していて、そこでは実際に自社の商品の販促活動ができ、通路の配置も好きに決められるのだが、それでもなお、強力な競争相手にたち打ちできない、といった状況だ。

ニックスは、ニューヨーク、ニュージャージー北部、コネチカット南部の地域を地盤とするチームである。この地域で生まれた人たちは、ニックスのファンになるべく育てられる。ニュージャージーでは、ネッツよりもニックスの方が人気があるのだ。このことは、ニックスがネッツとプレーするためにハドソン川を渡ってくるたびに、目にすることができる。ニュージャージーでネッツと対戦するとき、ニックスにはホームコート・アドヴァンテージがあるのだ。あるゲームでは、ネッツが盛り返してくると、アリーナ中が「ディーフェンス！ ディーフェンス！」という観客のシュプレヒコールで満たされた。私は一一年間ポートランド・トレイルブレイザーズにいたが、こんな光景は一度も見たことがなかった。

⑷自己のアイデンティティが欠けた顧客

これは、ある商品の顧客がもつ特徴としてもふつうではない。しかし、ネッツの観客はそうだっ

たのだ。ニュージャージーには州としてのアイデンティティが欠けていた。それをこれから説明しよう。

ほとんどの州では、住民はその州で最も大きな都市に対して一体感を持つ。その都市の新聞やテレビは、事実上その州の声とみなされる。ところが、ニュージャージーではそうではない。ニュージャージーで最大の都市はニューアークだ。しかし、ニュージャージーの住民は、ニューアークが州内にあることすら認めたがらない。当然、一体感などあろうはずもない。

ニューアークが実際に存在することを認めないばかりか、ニュージャージーの住民は日々、ニューヨークのメディアに大量にさらされている。テレビとラジオの主要局はニューヨークのものだ。ニュージャージーにも主要新聞が二つ、あることはあるのだが（ニューヨークは四つ）、スポーツ面はニューヨーク志向なのだ。二つあるケーブル・スポーツ・チャンネルもニューヨークのスポーツ・チャンネルだ。

問題に輪をかけているのは、ニューヨークの住民はニュージャージーのことを、アイオワ州のスー・シティかカナダのエドモントン程度にしか見ていないということだ。そんな見方をしているニューヨーカーが、どうしてアイオワ州のスー・シティまでスポーツのイベントを見に行くだろうか。ニューヨーカーが、どうしてネッツのプレーを見にニュージャージーまでやってくるのだろうか。それはおそらく、ニックスがロード・ゲームでプレーするのを見るためなのだ。

⑸問題の多いオーナー制

ほとんどの商品や企業にとって、オーナーというのは世間には名前も顔も知られていない存在である。しかし、スポーツの場合は別だ。ネッツの七人のオーナーは、新聞から「セコーカスの七人」と呼ばれていた。セコーカスの七人は皆、ナイスガイで頭が切れ、個人としても成功した、善意の人間だった。問題は、彼ら自身にではなく、オーナー制の構造にあったのだ。経営面でのパートナーがいないため、責任を七人で分担していた。あるオーナーは選手人事に口を出し、別のオーナーはマーケティングに、あるいは経理に口を出すといった具合である。その結果、チームの経営に対して、七つのバラバラの意見とヴィジョンが存在することになってしまったのだ。どう考えても、意思決定が迅速に運ばないことはおわかりいただけるだろう。

ニュージャージー・ネッツを売り込むために

⑴われわれのマーケットとは何なのか

ニュージャージー北部が市場のターゲットとなるだろう。ニュージャージー自体はすばらしいマーケットなのだ。このことを大局的に理解するには、ニュージャージー北部をつまみ上げてネブラスカ州の真ん中へ置いたとしたら、アメリカで八番目に大きなマーケットになるということを考えてみるといい。ニュージャージーはニューヨークほど魅力的ではないし、注目も浴びないが、豊かで重要な地域なのだ。本当のところ、プロのスポーツチームなら、アメリカで八番目に大きいマーケットで十分うまくやっていけるはずだ。

確かにマンハッタンは魅惑的な場所だが、このあわれなチームのマーケティングをマンハッタンで成功させる必要はなかったのである。

多くの場合、商品のマーケティングがうまくいかないと、勝ち目のないマーケットや細分化されたマーケットに売り込もうとする。そのマーケットはあまりに魅力があり、誘惑的なのだ。そこで結局は岩にぶつかることになる。岩にぶつかって死ぬよりは、自分の耳をふさぐことだ。実のところ、あなたはその悪魔のささやきを聞く必要はないのだ。

ハーマンズ・スポーティング・グッズは、国内チェーンを展開できるという考えにとりつかれてしまった。そして巨費を投じて、目についたあらゆるマーケットに参入していった。ハーマンズは確かに、スポーツ用品店の国内チェーンならではのすばらしい計画を実行に移した。しかし彼らは耳をふさぐべきだったのだ。ハーマンズが倒産からはい上がったとき、その店舗は東海岸の三つの州にしか残っていなかった。

⑵商品をどうやって売り込むか

われわれは、ネッツを伝統的なホームタウン・チームとして売り込むつもりはなかった。ならば、住民がホームタウンと認めないホームタウンに、どうやったらチームを売り込むことができるのか。しかも、たとえ住民がホームタウンと認めたとしても、そんな情けないチームに一体感を抱くようなホームタウンはどこにもないだろう。ホームタウンに売り込もうとしたことが、ネッツがおかしていた誤りの一つだったのだ。

われわれは、マンハッタンを忘れたのと同じように、ホームタウンという概念を忘れることにした。もし『ギネスブック』にそうしたカテゴリーがあれば、おそらくネッツは自分のホームタウンを全く認めない最初のチームとして記録されることだろう。マンハッタンにも売り込まない、自分のホームタウンにも売り込まないとなったら、誰に売り込めばいいのか。

ホームタウンにである。

しかしわれわれは、ネッツを売り込もうとしたわけではない。**対戦相手を売り込もうとしたのである。**

そう言うと、奇妙に聞こえるかもしれないが、対戦相手もわれわれの商品の特性なのだ。

ネッツにはなかったが、ほかのほとんどのチームにはあった特性を見てみよう。

商品特性	多くのチーム	ネッツ
競争力がある	○	×
競争力が期待できる	○	×*
ホームタウンの支持がある	○	×
人気のあるプレーヤーがいる	○	×**
祟りがない	○	ドクター・Jの祟り

＊　期待できないとはたして言えるだろうか。実際は、可能性はあったのだが、ネッツの伝統が見込みのないチームということだったのだ。そうした心的傾向を話し合いで変えるのは不可能だ。
＊＊　一九九五年に、ネッツのデリック・コールマンが『スポーツ・イラストレイティッド』誌の表紙のモデルになった。しかし、彼はＮＢＡでいちばん泣きごとをいう選手として取り上げられたのだった。

ネッツの場合、勝ち目のない選手を売り込むつもりはなかった。われわれが売り込もうとしたのは、マイケル・ジョーダンであり、シャック、チャールズ・バークリー、パトリック・ユーイングだった。これらのスター・プレーヤーたちを見たいと思っても、マジソン・スクエア・ガーデンのチケットを手に入れるには、ダフ屋に大金を払わなければならないのが現実だ。しかし、こうしたプレーヤーたちをニュージャージーでは見ることができるのだ。ネッツ相手のプレーを見なければならないのは確かだが、このプレーヤーたちにも、誰かしら対戦相手は必要だ。

あなたの会社の商品で、売り込みに有利な特性は何だろうか。もしあなたの商品か会社が、ジャンプ・スターティングを必要としているなら、おそらくあなたが売り込んでいる特性が間違っているのだ。

私たちはネッツのケースを見てきた。プロのスポーツチームなら当然利用できるはずの特性が、ネッツの場合はすべて欠けていた。そこで、備わっていない特性を観客に押しつけるのではなく、対戦チームのスター・プレーヤーの吸引力を選んだのだ。

このやり方は、ほかの商品の場合でも通用するだろうか。もちろん通用する。自動車や飛行機旅行、ハンバーガーといった商品に目を向ければ、ある商品が持つユニークな特性をあえて守り続けている例を見出すことができる。

たとえば、一九六〇～七〇年代にかけて、バーガーキングはマクドナルドに対して必死の攻勢をかけていた。マクドナルドの方がチェーン店の数も広告予算も多く、フライの味や店内の清潔さで勝っていた。しかもロナルド・マクドナルドというキャラクターがいて、子どもたちにも人気があった。マクドナルドにはすべてがあったが、バーガーキングが売り込める特性は二つだけだった。それは、バーガーキングのワッパーの方がビッグマックよりも大きいことと、バーガーキングのバーガーはマクドナルドのように揚げるのでなく、焼いてあることだ。この二つの特性は強力で、そのおかげでバーガーキングはファーストフード業界でナンバー・ツーの地位を確保できたのだ。しかしそのとき、バーガーキングは悪魔のささやきを聞いた。

それは、子どもたちのものだった。持っていたこの二つの特性を守り抜く代わりに、バーガーキングは子どもたちに売り込むという決定を下したのだ。子どもたちなら自分が食べるバーガーが焼いてあるか揚げてあるかを気にするだろうか。もちろん、気にはしない。ワッパーの方が大きいことにこだわるだろうか。それどころか、子どもは手が小さいので、ワッパーをこぼさずには食べられないだろう。マクドナルドは、アメリカの子どもたちをとりこにしていた。バーガーキングが子どもたちをマクドナルドからこちらへ引き寄せる唯一の方法は、親たちをまず引きつけることだった。親の方は食べる量も多いから大きなバーガーがいいし、揚げてあるよりは焼いてある方が好まれる。こんな親たちならバーガーキングへ子どもたちを引っ張ってきて、子どもにはジュニア・ワッパーを与えるだろう。

バーガーキングは悪魔のささやきに耳を傾けてしまったのだ。彼らは岩にぶつかり、もう少しで死ぬところだった。

いったん有効な特性を獲得したら、どうしてそれを手放す必要があるだろうか。

(3)何をターゲットにするか

われわれは家族連れをターゲットにすることにした。プロのスポーツチームはどこでも、シーズンチケットを買ってくれる大企業が必要だ。だから、ニックスのゲームへ行けば、ダークブルーのピンストライプ・スーツの一団に囲まれることになる。金持ちの「企業国家アメリカ」とはどんなものか知りたければ、ニックスのゲームへ行くといい。こうした企業の参加には、長い歴史がある。ニューヨークでは、仕事を終えて二、三杯ひっかけてから、タクシーでマジソン・スクエア・ガーデンに乗りつけ、ニックスを見るのが一つの伝統だった。

たいていの主要なマーケットの企業文化には、プロ・スポーツチームのシーズンチケットが含まれている。こうした企業は、そのチケットを顧客の接待や従業員のために使う。しかし、ニュージャージーではそうした習慣は全くといっていいほどなかった。

われわれはニュージャージー北部の上位二〇〇社のリストを入手して、手元にあるシーズンチケット保有者リストとクロスチェックを行った。この上位二〇〇社のうち、ネッツのシーズンチケットを持っていたのは一二社だけだった。ニックスの場合、どれくらいの数になるかはわからないが、この逆ならいかにもありそうだ。つまり、ニックスのシーズンチケットを持っていないのは、ニューヨークの上位二〇〇社のうちおそらく一二社以下だろう。

われわれはセールススタッフの体制を整えて、企業への売り込み数を増やそうとしたが、本気でマーケティングをしたのはファンや家族という個人だった。私たちは、ネッツのゲームを家族向けの娯楽として位置づけることにした。

あなたがたとえダークブルーのピンストライプ・スーツを着ていたとしても、ネッツのゲームに来ていただいていっこうにかまわない。ダークブルーのピンストライプ・スーツでも、人間には変わりがないのだ。彼らがすべて、冷徹で血も涙もないビジネスマンとは限らない。彼らにも家族があるのだ。家族連れをターゲットにすることは、はっきりしている。あとはどうやって自分たちを特徴づけるかだった。

自分のことがわかっているか

この章は、あなたには少しばからしく思えるかもしれない。何だかんだ言っても、企業はみな自分のことはわかっている。そうじゃないか？　いや、それは違う。巨大企業でさえ、途中でアイデンティティを見失うことがあるのだ。ゼネラル・モーターズ（ＧＭ）はどうか。ＧＭはヒューズ・エアクラフト社とロス・ペローのＥＤＳ（エレクトロニック・データ・システムズ）を買収した。

当時の会長だったロジャー・スミスは、GMを、乗用車やトラックをつくる会社というよりは持株会社に変えようとしているかに見えた。乗用車とトラックの事業は行き詰まっていた。

どの企業も悪魔のささやきに引きつけられ、その魔力にかかったら、自分が何であり、自分のマーケットが誰なのかを見失ってしまう可能性がある。とはいっても、企業が別のことに手を出すべきではないということではない。手を出してもいいが、日常の業務からは切り離して一定の管理の下に行うべきである。

ネッツの場合、われわれはようやく自分たちの本当の姿にたどり着こうとしていた。その過程で、自分たちが何でないかをはっきりさせた。われわれはニックスではなかった。ホームタウンのお気に入りでもなかった。かといって、マンハッタンの住民の方を向いているわけでもなかった。金持ちの大企業を当てにしてもいなかった。われわれの本当の姿というのは次のようなものだ。
○ターゲットになるマーケットは、ニュージャージー北部である。
○ターゲットとする観客は、NBAのスター選手を見たいという人たちである。
○観客であるファンや家族に対し、親しみをこめたマーケティングを行う。
さて、いまや自分が何なのかがわかったので、自分自身をセールスしなければならなかった。そして、実際にそうしたのだ。

フォーシーズンで、観客数は最下位（二七位）から一二位へはね上がった。観客数の増加に伴って、ホットドッグやビール、駐車場、そしてこれは重要なのだが、地元のスポンサーシップといったほかの分野の収入が自然に伸びた。以前より多くの人たちがネッツのゲームへ来るようになったため、地元の企業のスポンサーシップがより現実的なものとなった。四年の間に、ネッツの地元でのスポンサーシップ収入は、四〇〇万ドルから七〇〇〇万ドル以上に増大した。

ネッツのオーナーであれば、この増収はおおいに満足できるものだっただろう。確かに、チームそのものは少しもよくなってはいなかったが、少なくともオーナーの投資金は増えていたはずだ。四年前、『ファイナンシャル・ワールド』誌は、ネッツの売却価値を五二〇〇万ドルと見積もったが現在、フランチャイズの価値は九二〇〇万ドルへと上昇した。耳をふさいだだけにしては、悪くない話ではないか。

ニュージャージー・ネッツは、マーケティングのアイディアを推進するうえで、厳しい試験台となった。ネッツで効果が上がれば、どんな商品でも通用するというわけだ。なかには、ほかのものより明らかにうまくいったマーケティングのアイディアもあった。その一つが、**「カンフル策」**と名づけたものである。これについては次章にゆずろう。しかし、次章へ進む前に、読者にはちょっとした仕事が残っている。時間はかからないから、次のテストをやってみていただきたい。

Test

❶あなたが部下の耳を（そして自分の耳も）ふさがなければならないのは、どのマーケットに対してか。

❷あなたにとって最も成功する見込みのあるマーケットは何か。

❸あなたの商品を売り込むときに使えない商品特性は何か。

❹あなたの商品あるいは会社をジャンプ・スタートさせる助けとして、第一に利用できる商品特性は何か。

答え

❶おそらくあなたには参入を試みているマーケットがあるだろう。私が話しているのはちょっとした試験的なものではなく、あなたが資金とマンパワーを均衡させながら投入しようと思っているマーケットのことだ。そのマーケットは、本当に参入すべきマーケットなのだろうか。あなたと部下が悪魔のささやきを聞いて岩にぶつかることはないだろうか。

❷あなたがこのマーケットで最も成功しそうだとしたら、資金とマンパワーをもっと投入してはどうだろうか。それを、さらに大きく成功させてみてはどうだろうか。

❸悪い特性をよい特性として使えることもときにはある。

「リステリンは日に2回、嫌だと感じる味だ」

　しかし、ほとんどの場合、悪い特性をよいものとして売り込めば、その商品と会社は信用をなくしてしまう。それは、ちょうどネッツをバスケットボールの最高のチームとしてプロモーションするようなものだ。誰もそれを信じないだろうし、ほかにどんなによい特性を持っていたとしても信用されなくなってしまう。どの商品にも何かしら悪い特性はあるのだ。悪い特性を偽って宣伝して、顧客をごまかそうとしないこと。

❹多くの場合、うまく売り込むための商品特性は一つあればいい。あなたの商品で、ほかよりすぐれた特性は何だろうか。次にすぐれた特性は？　それでいってみよう。

　われわれはネッツで実際にやってみた。ネッツがどういう状態だったかわかっていただくために、これまでで最多の観客動員数を誇るマイケル・ジョーダンの場合で見てみよう。1991～92年のシーズンに、ブルズはＮＢＡチャンピオンシップ２連覇をめざしていた。そのシーズン中、マイケル・ジョーダンは、プレーオフも含めて102試合に出場した。その102試合のうち、100試合は完売になった。完売しなかった２試合とは？　ご推察のとおり、それがメドウランド・アリーナで行われた対ネッツ戦だった。実のところ、ネッツはその年、完売した試合は１ゲームもなかった。その前の４年間は言うまでもない。しかし、われわれはマイケル・ジョーダンをラリー・バードやマジック・ジョンソンと

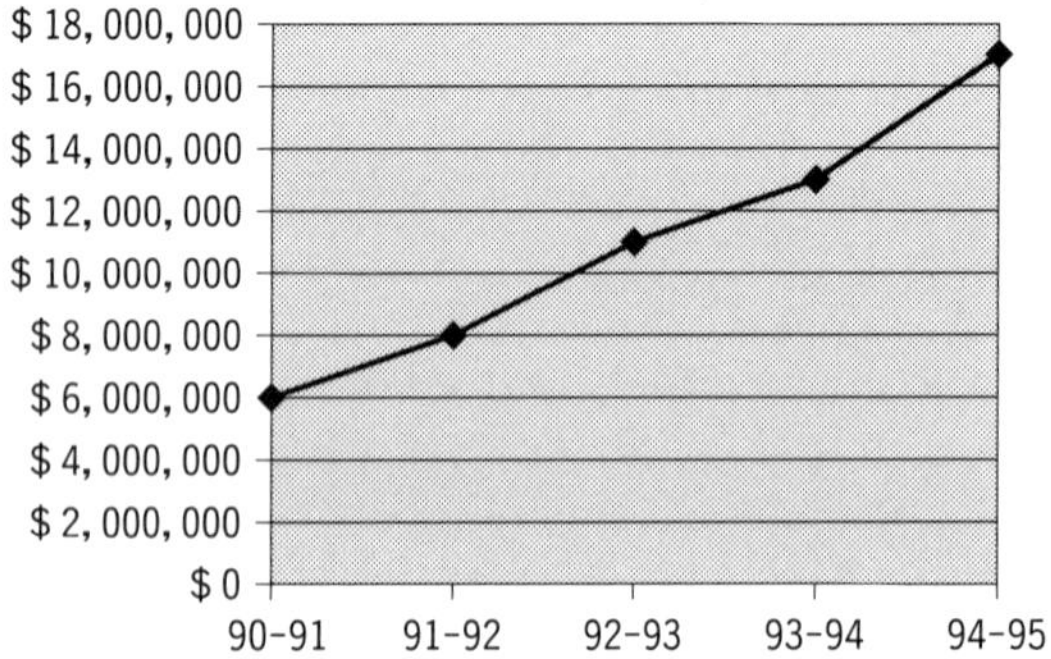

ひとまとめにして、実際よりもすごいチケット・パッケージを作ったのだ。

次のシーズンには、チケット・パッケージのおかげでメドウランド・アリーナのチケットが完売するようになった。5回だった。こんな困難きわまるマーケティング活動は、後にも先にもこれが初めてだった。次の年は12回完売し、その次は19回、それから22回となり、これを書いている時点では、ネッツはアリーナを35回完売している。

観客が増え完売が増加すれば、それはもちろんドルに変わる。ジャンプ・スタート・マーケティングの原則を使うことで、ネッツのチケット収入は4年間で500万ドルから1700万ドル近くまで伸びたのだ（前ページ図参照）。

第2章

顧客一人ひとりに、
もう少し買ってくれるように直接頼む

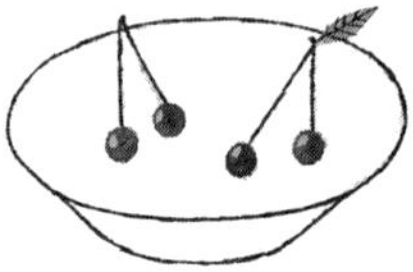

Jump Start Marketing ②

顧客の購入頻度を高めよ

すぐに効果があらわれる万能の**カンフル策**があれば、すばらしいと思わないだろうか。それが実際にあるのだ。とりあえず、自分が一体誰なのかがわかっていると仮定しよう。そうなると、カンフル策を使って売上げを増やしたいと思うだろう。

あなたが実行するのは次のどれか。

(A)大々的なテレビ広告キャンペーンを行う。
(B)新聞に全面広告を載せる。
(C)リストを買ってパンフレットを何千枚も送る。
(D)職業別と個人別の電話帳のすべての番号に電話して、自分の商品を売り込む。
(E)A～Dのすべて。
(F)A～Eのいずれでもない。

答えは(F)の「A～Eのいずれでもない」である。正しい答えは**「現在の顧客一人ひとりに、もう少し買ってくれるように直接頼む」**だ。重要だからもう一度繰り返そう。

「現在の顧客一人ひとりに、もう少し買ってくれるように直接頼むこと」

あなたが顧客の名前、住所、電話番号を知っていたら、ただちに、このカンフル策を使うことができるだろう。もし知らない場合でも、悲観する必要はない。同じ状況にある会社は五万とあるのだ。そうした会社は自分の顧客の名前を知らない。顧客の名前、住所、電話番号がわからなければ、その情報の入手にとりかかること。そうすれば、カンフル策にかなり近いものを使うことができる。

見込み客を顧客にする

レストランに入ったとき、レジの近くにガラスの鉢が置いてあるのを見たことがあると思う。お客はランチの無料サービスを当てようと、自分の名刺をそのガラス鉢に入れる。こうしたレストランで、私はいつもレジ係の人に、当たらなかった名刺はどうするのかと尋ねてみる。相手はふつう肩をすくめるか、当選者を決めたら、残りは捨ててしまうと答える。

これについて少し考えてみよう。レストランのオーナーが、名刺がガラス鉢に入れられたその日に、その人たち全員に手紙を出したとしたらどうだろうか。手紙には、ひいきに対する感謝と共に、「またぜひご来店いただきたい」と書く。そして、「一〇日以内にまた来ていただいて手紙のことをウェイトレスに言っていただければ、デザートかコーヒーを無料にいたします」と書き添えておくのである。

これは、そのレストランの経営を堅固なものにするうえで効果的だとは思わないだろうか。いや、ぜひそう信じていただきたい。二週間に一度だったお客がその手紙に感激し、さらにデザートかコーヒーが無料という気前のよさに感激して、店にやって来る頻度が週に一度といったように、少し多くなったとしたらどうだろうか。レストランの事業は加速度的に拡大することだろう。**そのレストランは、自分でそこを見つけた顧客の力だけで、事業を飛躍的に拡大できるのだ。顧客の購入頻度を高めることは、ビジネスを築き上げるうえで最良の、そして最も効率的な方法である。これが**

カンフル策だ。

数年前のこと、私の友人がビジネス上のきわめて典型的と言える問題を抱えていた。彼は砂の中の硬貨が見つかるというクレージーな装置を製品化したのだ。ビーチですごしたことのある人なら、おそらくこの製品を見たことがあるだろう。ゴルフクラブくらいの長さのポールの先に、直径三〇センチくらいの円盤がついている。ポールには小型の金属探知機がとりつけられている。そしてポールの上端には計器があって、たとえば足元に運よく硬貨が落ちていたら知らせてくれるというわけだ。

私の友人はこの装置の改良型を新しく作ったのだが、それを広告で宣伝したり、流通経路へのせて小売する余裕がなかった。そのための費用を銀行から借りようとしたが無理だった。ビールを一緒に飲みながらその友人は、何かいい考えはないだろうか、と私に言った。

「君の製品を購入した人たちの名前と住所はわかっているかい」と私は尋ねた。

「いいや、製品は小売店で買ってもらっているんだ。店の方ではお客の名前はつかんでないだろうな」

友人はビールを一口飲んで考え込んだ。そしてさらに一口ぐいっと飲んだ。

「ちょっと待てよ」と彼は言ったが、「これだ！」と言いたそうな顔つきだった。

「ぼくのところに、製品を買った人からの保証書がいく箱分も送られてきてるんだ。箱に入ったままでまだ見てもいない。うちの製品は絶対こわれないからね。でもそれにはすべて、買ってくれた人の名前と住所と電話番号が書いてある」

「それだ！」と私は言った。

名前はおよそ五〇〇〇人分あった。この人たちは、友人の製品に関心があることをすでに示しているのだ。それを買っているのだから、この人たちの何割かは、最新の改良型装置にも興味を示すはずだ。その人たちを見つけ出すのに郵送料として一五〇〇ドルほどかかるだろう。しかし、便箋《びんせん》と封筒の代金はすでに支払ってあるから、これには現金は必要ない。

「この硬貨発見器は一台いくらするんだい」

「九〇〇ドルだよ」（そこで思ったのだが、この投資のもとをとるには、たいへんな数の五セントや二五セントの硬貨、さらに昔の珍しいペニー銅貨を見つける必要がありそうだ）

「それの製造費はいくらで、現金はどれくらいかかるんだい？」

「製造費は一台あたり約一五〇ドルだ。原料は、ほかの製品用の在庫が十分あるから、それで一〇〇台ほど作れるだろう。卸売業者を通して小売店で売ることができるが、その場合、お金が入るのは二、三カ月先になる」

「そうすると、少なくともここしばらくは、その新製品に現金は必要ないんだね」

彼はうなずいてビールを飲み干すと、もう一杯注文した。私は紙ナプキンに、ある計算をしてみた。まず、九〇〇ドルと書く。それから、その下に、一〇〇と書いて「×」の記号をその前につける。これは友人が手紙によって得られると思われる購買者の数を表わす。思い出していただきたいのは、これは一般の人に向けた手紙ではない、という点である。一般向けの手紙の場合は、一〇〇〇人、あるいは一〇万人に一人の割合でも、この製品に関心を抱く人は見つからないだろう。これは、製品に満足している顧客への手紙である。つまり、自分の家の裏庭やビーチに埋もれている硬貨を見つけ出すことに大いに興味があるということを、過去にこの製品を買うことですでに示している人たちへの手紙なのだ。そこで私はこの二つの数をかける。

九〇〇ドル×一〇〇＝九〇〇〇〇ドル

私は、紙ナプキンを彼に見せた。

「これだけあれば、流通経路に行き渡らせる経費をまかなえるかい？」

彼はあっけにとられていた。

「君の現在の顧客へ手紙を送れば、ぼくの感じだと一〇〇台以上売れると思う。おそらく五〇〇台売れるな。この装置を作る原料の調達にはどれくらい時間がかかるんだい？」

「現金ならそんなにかからない」と彼が言った。「一週間ってとこかな」

私は新しい数字を紙ナプキンに書きつけた。今度は装置の価格（九〇〇ドル）に、手紙による追加の売上げ台数（四〇〇）を掛けた。

九〇〇ドル×四〇〇＝三六〇〇〇〇ドル

「君は、納入業者にとってジャスト・インタイムの納品が本当はどういうものかわかるだろう。君は注文を受ける。しかも、すべて現金による注文だ。だから、君は原料がいつでも手に入るようにしておく必要があるな」

ここで私は自分の二つの計算結果の合計を出した。

九〇〇〇〇ドル＋三六〇〇〇〇〇ドル＝四五〇〇〇〇ドル

友人は紙ナプキンをじっと見つめた。これらの数字についてしばらく考えていると、驚きの気持ちは消えていった。彼は問題点を見抜いた。

「もしぼくが顧客と直接取引すれば、卸売業者と小売業者を失う可能性がある。直接取引によって彼らのセールスの邪魔をすることになるからね」

私は彼に、「ぼく自身は、この直接アプローチはむしろ『マーケットを活気づける』ことになると思う」と言った。それは、小売業者の意識を高めるのに役立つだろう。しかし、もし彼がその方がいいと思うなら、小売業者と卸売業者にその分け前を与えることもできる、と助言した。小売業者には、生じた全売上げ高の一〇パーセントを与える。卸売業者は五パーセントとする。彼らにとって、このお金は棚からぼたもちだろう。

紙ナプキンに書いた私の数字が正しければ、小売業者と卸売業者は何もしないで六万七五〇〇ドル入ってくるのだ。小売店と卸売業者は、在庫によるリスクを何ら背負うことなくお金が入ってくることになる。ひとつ注意しておきたいことがある。小売業者には現金は渡さず、このホットな新製品にこの先注文がくることを考えて借りにしておくこと。

私たちは手紙作りにとりかかった。つやのある光沢紙を使ったパンフレットを作る予算がなかったので、社長である彼から、知り合いの顧客一人ひとりに宛てた四枚の手紙という形にした。彼には、その五〇〇〇通全部にサインさせた。

その手紙はシンプルだった。友人は、その製品のどの点が技術的に改良されたかを手短に述べた。さらに、この製品は、小売店を通して一般の人たちに提供する前に、まずお世話になっているお客様に提供いたします、とした。

反応は一〇パーセントを少しオーバーした。現金が押し寄せて来て、彼の手に余るヒット商品となったため、友人は自分の会社を売却した。

ニュージャージー・ネッツのオーナーたちとの会食から二、三週間後に、われわれは契約を結んだ。私はネッツのコンサルタントになったのだ。ネッツのオフィスでの第一日に、私は現状をよく見きわめたうえで、カンフル策を使おうと思った。わかったのは「ネッツは、コンピュータのハードディスク・ドライブのスペースを節約するのにたけている」という点だった。

ネッツは、その時点のシーズンチケットの保有者の名前をコンピュータに入れていた。それはよかった。しかし、ネッツは前年のシーズンチケットの保有者の名前は把握していなかった。その前の年も同じである。これはあまりよいやり方ではない。「ディスクのスペースを節約するため、それは毎年コンピュータから消去することにしています」とのことだった。ネッツでは、毎年シーズンチケットを更新するのは保有者の約七〇パーセントだけだったから、前年購入した人のうち、およそ三〇パーセントは、カンフル策に使える可能性があったわけだ。

ディスク・スペースというのは、もちろん非常に安い。それに対して、買ってくれる見込みのある人たちの名前を入手するのは非常に高くつく。ネッツの場合、買ってくれる見込みのある三〇パーセントの人たちがコンピュータの記憶から消去されていたのだ。この、今は永久に消えてしまった購入者たちに何か不満があったとしても（更新しなかったから）、彼らは、NBAのスター選手だけを売物にしたスペシャル・チケットパッケージの理想的な候補者になっていただろう。

重要な名前

プロ・スポーツで際立っている点の一つは、商品に対する関心をはっきりと表わすファン（チケット購入の可能性がある顧客）の存在である。彼らは電話をかけてきて、試合のスケジュールを尋ねる。こうした状況を手にできるビジネスはほとんどない。ここでは、買ってくれそうな何千人もの人たちが会社を捜し出して、見込みのある顧客として自分の身元を明かしてくれるのだ。

ネッツはこうした要望を義務として処理していた。アルバイトの学生たちに、封筒にファンの名前と住所を手書きさせ、試合のスケジュール表を入れて郵送させていた。

スケジュール表が欲しいというファンは何千人もいた。その何千人かについては、名前も住所も控えていなかった。彼らにカンフル策は使えなかったわけだ。

ある人が、クレジットカードを使って、電話で「チケットマスター」からチケットを買う場合、その人は名前と住所を告げる。それによってチケットマスターはチケットを郵送するのだ。

これは重要な名前である。というのは、この人たちは、それがブルース・スプリングスティーンやバーバラ・ストライザンドのコンサートであれ、はたまたニュージャージー・ネッツのゲームであれ、自分が特定のイベントに関心があるとして名乗り出たのである。彼らはまた、自分がチケットへの割増金も喜んで払うことを明らかにした。というのは、チケットマスターは四～六ドルのサービス料金を上乗せしているからだ。ネッツはチケットマスターのシステムを使っているから、もし必要なら、そのコンピュータからネッツのコンピュータへこうした名前をダウンロードすることもできた。しかし、ネッツは必要を感じなかったのだ。実際、ネッツは、名前をとっておかない会社だった。彼らがとっておいた名前は、今シーズンのチケット保有者の分だけだった。

私は、一九九一年五月に、ニュージャージー・ネッツのコンサルタントとして仕事を開始した。これは、NBAの二七チーム中一六チームにとってはプレーオフの時期だった。ネッツは、八二ゲーム中二六ゲームしか勝てず、このシーズンは終わっていた。しかし、この情けないシーズンが終わる前に、われわれはもう一つのシーズン、つまりセールス・シーズンを本格的にスタートさせた。

われわれはセールススタッフに、ニュージャージーの企業へ電話させた。同じく重要な仕事として、わかっているネッツのファンのデータベース作りにとりかかった。

まず着手したのは、次のようなことだ。

見込み客のデータベースを作る

シーズンが終わると、チケットマスターはコンピュータにあるファイルを消して空にする。だが、彼らは予防措置を講じていた。毎年のファイルを五年間、テープにして保管してあったのだ。そこで、われわれはそのテープを検索してもらい、ネッツのシーズンチケット保有者の名前と住所をこちらのコンピュータへ送ってもらった。チケットマスターのコンピュータは、ある年から次の年へまたがって比較照合することができず、またネッツはコンピュータ不足だったため、われわれはその作業を旧式の方法で行った。学生のアルバイトに手作業でやらせたのだ。ネッツが、売上げ増加を目指して踏み出した最初の一歩は非常に大胆だった。シーズンチケットを更新しなかった人たちを、購入見込み客として最初のリストを作ったのである。そのリストがなぜよかったのか。その理由は以下のとおりだ。

物事は変化する

この人たちは、もしかすると四一ゲーム全部のシーズンチケットを買う余裕がなくなったのかもしれない。しかし、一四ゲームのチケット・パッケージならちょうどいいということも考えられる。

一度はネッツという商品に興味を持ってくれた

ネッツはいつでもさえないチームだから、ネッツに関心はないかもしれないが、われわれがうちの商品だと思っていたもの（マイケル・ジョーダンやシャックのようなスーパースターのいるN

ＢＡの対戦相手）には、たぶんまだ関心を持っていることだろう。

アリーナへの道順を知っている

企業というのは、その立地場所を軽視することが多い。何と言っても、従業員たちは毎日会社へたどり着いているようだし。しかし、ある会社を初めて訪ねる人は少々気後れするものだ。その気後れのために、全く来なくなることもあるのだ。

ネッツに関心のあるすべての人をターゲットにする

われわれは、チケットマスターに頼んで、そのコンピュータに入っているネッツのチケット購入者で、電話で一ゲームのチケットを購入し、その支払いにクレジットカードを使った人たちの名前を検索してもらった。その名前は何千もあった。典型的な一ゲームの購入者は、一シーズンには三回ゲームへ行くようだ。この人たちをターゲットにして手紙を送り、その観戦の頻度をほんの少しだけ増やしてもらって、五回、さらには七回にすることは可能なはずだ。こうした「一ゲーム観戦者」の観戦頻度が増えれば、将来、何十万ドルという売上げ増加に貢献してくれることだろう。

どの名前も捨てない

ネッツが名前と住所を封筒に手書きしていたのは、オフィスにコンピュータが四台しかなかったからだ。一台はあるエグゼクティヴつきの秘書用、一台は別のエグゼクティヴつきの秘書用、一台はチケット・オフィス用、そしてもう一台は経理部門用だった。

コンサルタントとして私が最初に指示したことは、収入を増やすことではなく、コンピュータを何台か買うようにということだった。われわれは四台購入した（二年後、私がネッツに正式に入社したとき、全員のデスクにコンピュータを置くことにしたので、全部で四〇台以上になった）。

ファンが電話してきてスケジュール表が欲しいと言うと、ネッツのスタッフは今ではそれをコンピュータのデータベースに入力した。ファンは欲しかったスケジュール表を今までどおり手に入れることができる。一方ネッツは、少なくともネッツに関心があって、ゲームがいつ行われるのか知りたいと思っている人の名前と住所を入手できるようになった。

ネッツは、すべての名前を把握するという精神を培いはじめた。私はネッツのスタッフに不可能な目標を課したのだ。私は、次の年のネッツのゲームのチケットを購入したすべての人（男性、女性、子ども、あるいはニックスファンを問わず）の名前と住所、それに昼間と夜間の電話番号を入手するよう望んだ。すべての名前を入手するのは無理かもしれないが、とにかくやってみるしかない。

同時に、私はスタッフにもう一つ不可能な課題を課した。ネッツとNBAのすべてのファン（ネッツの試合に来たかどうかに関係なく）の名前と住所、そして昼間と夜間の電話番号を手に入れるよう望んだのだ。われわれは、ニュージャージー北部を綿密に調査した。調査がいかに徹底していたかは、子どもたちからのファンレターも利用したと言えば、わかっていただけるだろう。子どもが選手に手紙を送ってくると広報部がそれを処理していた。しかし、いまや子どもの名前もコンピュータへ入力するようになった。われわれは、「…のご両親へ」というリストを作っていた。

この名前への執着によって、何らかの形で、ネッツに関心を持っていることを自ら明かした七万五〇〇〇人以上の名前のリストができあがった。これはカンフル策そのものではなかったが、その先何年もの間、大きな恩恵をもたらしてくれることになった。

たとえば、われわれはこの人たちにカラー印刷した八ページのパンフレット（チケットカタログ）を送った。各ページにはそれぞれ、別のチケット商品を載せていた。あるページには七ゲームセットのパッケージ、別のページには一ゲーム対象の家族向け特別パッケージを載せるといった具合だ。このカタログを準備し発送するのに、一万九〇〇〇ドルほどかかった。このカタログ送付から、われわれは三〇万ドルのチケット売上げを得た（詳細は第10章を参照のこと）。

こうした形での名前への執着は、どんなビジネスでも役に立つことだろう。あなたの会社の商品に関心のある人たちの名前が手元に多くなればなるほど、カンフル策はさらに効果が増すのだ。

自社の商品に関心のある人たちの名前を集める

カンフル策が働くためには、名前ならどんな名前でもいいわけではない。それは何らかの形であなたの商品への関心を示した人たちの名前でなければならない。もし彼らがすでに関心を示しているなら、カンフル策はその購入頻度を高めるのに役立つ。購入頻度が高まれば、実際に会社をジャンプ・スタートさせることになるだろう。

あなたは、自社の商品に関心を持ってくれそうな人と共通の特徴を持つ人たちのリストを買えばいいじゃないかと思うかもしれない。リストを買うことは確かに役には立つ。しかし、リストの購入自体はカンフル策ではない。リストの購入は出費になるだけだ。リストからあなたの会社の商品に関心のある人たちを捜し出して初めて、この人たちはカンフル策の対象となる。

手っ取り早くヒーローになりたいと思ったものの、われわれは次善のカンフル策さえ使うことができなかった。自分の顧客の名前や住所、電話番号を知らなかったからだ。われわれはくじけることなく、名前を引き出すという基本法則に取り組んで、遅れたカンフル策の準備をした。

われわれの新しいリストからの最初の支出は、最も自然なターゲットである、現在のシーズンチケット保有者をねらったカンフル策だった。

シーズンチケット保有者は、プロ・バスケットボールに大きな投資をしている。ネッツの試合のフォーシーズンチケットは八〇〇〇ドルする。ニックスのフォーシーズンチケットは一万六〇〇〇ドルだ。こうした投資によって、ファンはその年、プロ・バスケットボールに十分金を使ったことになると思うかもしれない。だが、それは間違いだ。

ホームで予定されている四一試合のうち、いくつかはほかのゲームより重要だ。さらに少数の試合が大人気のゲーム（モンスターゲーム）だ。こうした試合は、マイケル・ジョーダン、シャック、アキーム・オラジュワンといったスター・プレーヤーのいる対戦相手が目玉である。ネッツにとってほかに大人気のゲームは、メドウランド・アリーナでニックスと対戦する「ホーム」ゲームだ。こうしたゲームでは、シーズンチケット購入者は、同僚や家族、友人のためにもっとチケットが必要になるだろう。

シーズンチケット保有者が更新をした後で、われわれは彼らに、チケットを追加して買う方法を書いた手紙を送った。これは、ネッツの魅力の少ないゲームのチケット（それは人にもあげられない）ではなく、最高のゲームのチケットのことだ。われわれは、シーズンチケット保有者のために、五ゲームの「モンスターゲーム・チケットパッケージ」を作った。哀れなネッツのシーズンチケット保有者が、チケットにさらにお金を使う気になったのだろうか。

われわれが最初に手紙を送ったとき、シーズンチケットの数はおよそ八〇〇にすぎなかった。当時は郵便料金が安かったから、現金での出費は一通たった二八セントだった。

五ゲームをセットにした「モンスターゲーム・チケットパッケージ」は、一セット二〇〇ドルにした。これが飛ぶように売れたのだ！　売上げは一〇万ドルを超えていた。一〇万ドルから郵便料金二二四ドルを引いた残り九万九七七六ドルが手紙の送付による利益だ。

これを見てあなたは、「へえ、これならゲームを完売できたはずだ」と言うかもしれない。本当だろうか。だって、これはニュージャージー・ネッツなのだ。

第1章で、私は、コンサルタントになって最初の年に、ネッツがどうやって完売をゼロから五回までにしたか、お話しした。完売したのがどの五ゲームだったかおわかりになっただろうか。シーズンチケット保有者にモンスターゲームの追加チケットを買ってもらったことが、こうしたゲームを完売するのに、大いに助けになったのだ。遅ればせのカンフル策によって、われわれは楽な勝利を収めることができ、さらに、楽な勝利がまれなマーケットにおいて、マーケティングに対していくらか自信を持つことができるようになった。

ここまで読んできて、あなたは、カンフル策は単なる間に合わせの即効策以上のものとして使えるんじゃないかと思われたことだろう。全くそのとおりなのだ。

自分の顧客と、商品に興味を持っている人たちの名前と住所、電話番号がわかっていれば、あなたはいつでもカンフル策を使うことができる。

われわれはネッツのデータベースを作ったから、好きなときにカンフル策を使った。ある場合には、それはチケットカタログだった。これは、ランズエンド社（訳注＝米国のＤＭカタログの販売会社）のカタログと似たフォーマットだが、われわれが扱っているのは衣類ではなく、さまざまなチケットパッケージだった。この章ですでに述べたように、反応はすばらしかった。たった一万九〇〇〇ドルの経費に対して三〇万ドルの収入があったのだ。それならこれをもっと頻繁にやってみてはどうだろうか。われわれはそうした。次の年、われわれは、さらに名前をいくらか追加してカタログを二冊送った。二冊目のカタログも一冊目と同じようにうまくいった。三年目には、チケットカタログを四冊送った。その年は、結局、チケットカタログの準備、印刷、そして、われわれに何かしら興味があることを示してくれた人たちへのカタログの郵送で、およそ一〇万ドル支出した。その同じ年、カタログによる売上げでおよそ九〇万ドルを得た。もっと頻繁に送らなかった唯一の理由は、われわれのシーズンが六カ月しかなかったことだ。シーズンの最後の三分の一くらいになると、パッケージの目玉になるゲームがますます少なくなってしまうのだ。

だから、自社の商品に関心がある人たちの名前を集めるという社風をつくったら、どんどんそれを利用しよう。何度も何度も。

Test

❶次の文は正しいか。

私は絶対にあのレストランのように顧客の名前を捨てたりはしない。

正しい　　　　　　　　　　間違い

❷カンフル策とは何かを一文で簡潔に述べよ。

❸あなたはどうやったらカンフル策を最大限に利用することができるか。

答え

❶正しい。私がカンフル策をテーマに講演すると、質疑応答の時間には必ず次のような質問が出る。

Q、「カンフル策がチケット販売に効果があることはわかるのだが、2万5000ドルから10万ドル、あるいはもっと高価な商品には効果がないのではないか」

A、私はいつも次のように答える。

「それは間違いだ。購入頻度があまり高くない高価な商品にも、それはあてはまる」

それから私は例を挙げることにしている。その例は次章で述べることにしよう。

Q、「うちの会社は顧客の名前を知ってはいるのだが、それは卸売業者だ。カンフル策も卸売業者には役に立たないだろう」

A、これは砂の中の硬貨が見つかるという金属探知器を売った私の友人のようだ。彼は自分の商品のエンドユーザーが誰なのかはわからないと考えていたが、彼の手元には保証書が何箱分もそのままになっていた。ほかの会社の場合、商品のエンドユーザーの名前を入手するのはもっと難しいかもしれない。それについていくつかアイディアがあるのだが、次章で話そう。

Q、「うちではバッテリーを作っていて、顧客はたった3社（つまり自動車会社）だ。名前は確かにわかっている。それではカンフル策をどうやって使えばいいのか」

A、この場合はたぶん使えないだろう。おそらく「少額だが、非常に目につくお金をクレージーなアイディアに使う」（第4章）の方がより適していると思う。

カンフル策の概念を、「それはうちの商品には使えない」とか「うちのマーケットでは役に立たない」と言って、はねつけるのは簡単だ。残念なことに、それは自分と違った考えに出合ったときに人が示す典型的な態度だ。

多くの場合、自分の商品に何らかの関心を示してくれた人たちの名前を入手するのは手間がかかる。

名前を入手するのは大変だが、それらの名前を大きなジャンプ・スタート・セールスに利用して利益を上げるのは容易だ。そして、大変な部分がなければ、容易な部分もなく、カンフル策もない。

❷カンフル策とは、「顧客の購入頻度を高める方策」である。

❸この質問を飛ばして次章に進んではいけない。この質問に対する答えは、あなた自身が持っているのだ。少しだけ時間をとって、カンフル策をどのように使うつもりか書いてみること。この場で、いますぐに。

ここで何かをちょっと書き留めておけば、あなたは正しい方向に向かっているということだし、質問に正しく答えたことになる。そこで今度は自分が書いたものに肉づけして、それを実行しよう。

第3章

顧客が買おうと思い立つ少し前に、アプローチする

Jump Start Marketing ③

自分の商品のエンドユーザーの名前と住所を入手せよ

ニュージャージー・ネッツは、ニューヨークの都市部のマーケットでは最下位のプロ・スポーツチームとみなされていた。

われわれは、ネッツのスポンサーシップを売り込むという難題があることを知っていた。一つの戦略は、地元で捜すことだった。ここには、数多くの日本企業が駐在していた。私は若い日本人を雇って、国際マーケティング担当ディレクターとした。その男性はヨシ・オカモトといい、プロのスポーツチームでは初めての国際マーケティング担当ディレクターとなった。

われわれが電話したのは、こうした日本企業のアメリカ支社だけではなかった。日本にある本社にも話をしておく必要があると思ったのだ。理由は簡単だった。日本企業では、大きな出費の多くは日本での決裁が必要になる。ネッツのような有名でないチームは、たとえアメリカ支社で推薦してもらえたとしても決裁が得られないかもしれないと思ったのだ。

そこでヨシと私は、年に二回日本へ出かけていった。特定のスポンサーシップのパッケージを売ろうというのではなく、ただニュージャージー・ネッツに対して、はっきりした認識を持ってもらうのが目的だった。

二年間で、日系企業のスポンサーは、一社から一二社になった。その間に、私が高く評価している個人的な友人関係もいくつか結ぶことができた。

そうした訪日中のこと、われわれは、バスケットボール日本リーグの一チームを所有している大企業の関係者と昼食を共にしていた。そのとき、チームのゼネラルマネジャーが私に、アメリカ人を一人ヘッドコーチとして推薦してもらえないだろうかと言った。リーグでは、「外人」がヘッドコーチになったことはまだ一度もなかった。

アメリカに戻ってくると、私は候補者を数人、頭に浮かべてみた。私はこのことを簡単に片づけることはしなかった。候補者の選定を誤れば、その会社にとっては非常にやっかいなことになり、その過程で私も忘れ去られかねないからだ。

この場合、候補者は、コーチとしての資格をすべて備えているほかに、異なる文化の中で生活したいと望んでいる人間でなければならなかった。そのため多くの候補者が外された。しかし、完璧な候補者がいたのだ。ジャック・シャロウである。彼は私がポートランド・トレイルブレイザーズにいたとき、アシスタント・コーチをしていた。

NBAでの一〇年にわたる経験に加えて、ジャックは大学でコーチを務めたことがあり、CBAではヘッドコーチもしていた。何よりも彼はコーチのエキスパートだった。だから、NBAで選手の「ベビーシッターをする」ことにうんざりしていた。コーチがしたかったのだ。

もっとも二、三問題がないわけではなかった。

ジャックは酒もたばこもやらなかった。肉も口にしなかったが、果物は好きでたくさん食べた。こうしたことは、ほめられるべき特質だと思うかもしれない。確かにそのとおりなのだが、日本のビジネスマンとの付き合いの多くは、たばこの煙がたちこめるバーで酒をくみかわしながら行われるのだ。しかも、彼はたばこを吸わないばかりか、大のたばこ嫌いだった。

私はこのことを日本の友人たちに説明した。彼らは「問題ない」と言った。欲しいのはコーチなのだから、酒やたばこをやるかどうかは関係ないのだ、と。

チームのゼネラルマネジャーがアメリカへやってきて、われわれはニューヨークで一緒に食事をした。契約は成立した。二カ月ほどして、その会社は日本のマスコミに発表した。私は招かれて記者会見でジャックと同席した。

ジャックは、すばらしい仕事をしてくれた。その日本のチームは長年負け続けていた。それが勝つようになったのだ。ジャックは、コーチ・オヴ・ザ・イヤーに選ばれ、契約を三年延長することになった。彼はまた、果物と米と雑穀の驚くべき食事にも慣れた。

たぶんジャックは、ときには四〇〇ドルの朝食を食べたこともあっただろう。パット・ライリーが、自分以外のコーチが驚くなかれ日本で、朝食だけで自分より多くの日当をもらっていたということを知っていただろうか。

私は、個人が所有する島（日本本土から船でちょうど四〇分のところにある）にいて、カンフル策がその場の話題になった。その日は、バスケットボール日本リーグの試合を見ることから始まった。二年前にわれわれが「姉妹」関係を結んだチームの試合を見に行ってきたのだ。アメリカと違って、日本のチームは大企業が所有している。この場合も、バスケットボール日本リーグに所属するそのチームは、世界的な自動車メーカーが所有していた。

われわれは、日曜日の夕方早く、その島に着いた。天然の温泉から引いた風呂に入った後、われわれは宴席に集まった。

自動車会社のエグゼクティヴの一人が、本を書いている私のことを知っていて尋ねてきた。

「ジャンプ・スタート・マーケティングの原則はチケットを売るのには役立つということですが、わが社のように世界相手にクルマの売上げを伸ばそうという場合にも使えますかね」

バスケットボールのチケットはだいたい五〇ドル、それに対し、新しいクルマは二万五〇〇〇ドルもするが、私は言った。「ええ、使えますとも」

彼は、一つ例を挙げてご説明いただけないだろうか、と言った。

片言の日本語（私）とブロークンな英語（彼ら）の間で、私はカンフル策のことを持ち出した。もっとも、どう訳したらいいか心もとなかったから、この名前は使わなかった。以下は私の説明のあらましである。

ジャンプ・スタート・マーケティングの鍵となる原則は、自分の商品のエンドユーザーの名前を知っている、ということである。あなたがたの場合は、最初の顧客、つまりディーラーの名前はご存じだが、エンドユーザー、つまりクルマを購入する人の名前は知らない。

彼らはうんうんとうなずいた。ディーラーは買った人の名前を知っているが、メーカーは知らない。その名前を知らないことで、メーカーは、ディーラーだけがその顧客からの売上げを最大限にする方法を知っているという不利な立場に置かれている。

彼らは再びうんうんとうなずいた。

ディーラーが顧客からの売上げを増やそうと思ったら、サービスの案内ハガキを送ればいいが、メーカーにはそうしたサービスによる利益は入ってこない。

彼らはうなずいた。われわれはまた一わたり酒をついだ。

しかし、ディーラーはたった二つのことをしてみるだけで、メーカーのためにもっとたくさんの新車を売ることができるのだ。

「説明をお願いします、ジョンさん」と彼らは言った。

クルマを売るためのジャンプ・スタート・マーケティング

(1)購入者に二台目のクルマを売る

アメリカの家庭のほとんどは、クルマを少なくとも二台持っている。二台以上あるから、ふつうは新しいクルマを二台、三台同時に買うことはしない。買う時期が二、三年ずれるのだ。

ディーラーとメーカーは、最初の販売の事務手続書類のインクが乾かないうちに、その家族に二台目のクルマを売ることを考え始めるべきだ。ここでは、ある程度の忍耐と情報が必要とされる。

事務手続書類をファイリング・キャビネットにほうり込む代わりに、ディーラーはその顧客についての情報をデータベースに入力しておく。このデータベースには、名前や住所といった従来の情報のほかに、所有しているクルマの台数、メーカー名、型、購入年といった項目を追加する。

二台目の売り込みは、最初のクルマの購入からほぼ六カ月後にスタートするとよい。六カ月たって、クルマがすばらしいと思えば、購入者はまた喜んで買ってくれるに違いない。ディーラーは六カ月前に売れたときに集めたデータを調べてみる。そうすると、二台目のクルマは四年前のステーションワゴンだとわかるかもしれない。ディーラーはその客に、ミニバンか四輪駆動車の試乗と、すでに顧客になっているということで特別保証パッケージを勧める。特別保証パッケージはその家族に非常にアピールしそうだ。というのは、四年もたてば、おそらくクルマの修理代がやたらにかさむようになっているはずだから。

こうした誘いに反応を示した人たちに対して、ディーラーは基本的に競争を排除したことになる。その人が来るのは、ディーラーのアイディアがもっともだと思っているからだ。

「エンドユーザーの名前を知っておく理由はもう一つあります」と私は言った。その時点で、彼らは紙ナプキンにメモをしていた。

⑵購入時期をほんの数カ月早める

ほとんどの人は、ふつうほぼ三年ごとに新しいクルマを買うことを考える。顧客が新車の購入について考え始める前に、ディーラーはその人に新車を売り込むための行動を起こしていなければならない。

先へ進む前に、ある仮定をしておこう。クルマは高性能車で、顧客はそのクルマが気に入っているものとする。そこで、ディーラーはその顧客を招待して、最新のクルマに試乗してもらい、新たに改良されて、実際に違いがはっきりわかる点を簡単に説明する。

その招待状を受け取った人のほとんどは、もちろん新車の試乗にはやって来ないだろう。だが、来た人について考えよう。クルマの購入時期をほんの数カ月早めることができれば、売上げ台数は大きく違ってくるのだ。

私はスーツのポケットから紙を取り出した。紙ナプキンより大きなスペースが必要だったからだ。

「ここで、いくつか簡単な数字を見てみましょう」と私は言った。

私は次の項目を紙に書いた。それから数字を埋めていった。

購入者数	購入間隔	五年間の売上げ台数	七・五年間の売上げ台数
一〇〇〇	二・五年	二〇〇〇	三〇〇〇
一〇〇〇	三・〇年	一〇〇〇	二〇〇〇

この簡単な数字からだけでも、彼らは販売代理店、そしてメーカーが、得意客からの売上げを五〇パーセント増やすことができるとわかったのだ。

私は彼らに、プロ・スポーツの場合、ファンの観戦の頻度が多くなると、効果が加速度的に高まることがわかったと言った。同じマーケティングの原則が、自動車のようなもっと高価な商品にどうしてあてはまらないと言えるだろうか。

エンドユーザーの名前を入手する

以上が、メーカーがエンドユーザーの名前を知っておくべき理由である。メーカーがそれらの名前を知らないと、メーカーは得意客へのセールスを増やすのに、ディーラーに頼ることになる。だが、ディーラーの多くは、得意客が新しいクルマを買いたいという気持ちを明らかにするのを待っている。しかし、その時点では遅すぎるかもしれないのだ。得意客は、市場に出回っているたくさんのクルマの中から選ぼうと決めてしまったかもしれない。そうなると、ディーラーやメーカーは深刻な競争に直面することになる。自動車業界は非常に競争の激しいところだから、得意客が販売代理店を次々に回るようになったら、もともとのディーラーが売り込める可能性は相当低くなってしまう。

エグゼクティヴの一人が私に言った。

「われわれに忍耐力があることは知られてはいますが、二台目を売るまでに二年半待つのは長いような気がします」

「なぜ待つんですか」と私は言った。「明日から始めてはいかがですか」

相手は私の言うことがわかってきたようだった。

販売代理店は、二年半前の購入者の記録はすべて持っている。そうした情報があるのは、ほかでもない、保証書のためだ。この会社がただちにカンフル策を進めたいと思ったら、それは可能なのだ。

手順は簡単だ。ディーラーはただ、二年半前の記録を検索すればよい。それから手紙を用意して郵送する（第10章参照）。手紙を受け取ったうちの何割かの人から反応があるだろう。私の感じでは、二〇パーセントかそこらではないかと思う。

カンフル策は、チケットの販売では、たとえあわれなニュージャージー・ネッツでも成功することがわかっている。またカンフル策は、砂に埋もれた硬貨を見つける金属探知器の販売でもうまくいくことがわかっている。しかし、われわれが、チケット売場にチケットを買いに来た人たちの名前を把握していなかったり、私の友人が保証書をとっておかなかったとしたら、カンフル策は使う準備すらできていないことになる。ほかのメーカーの場合でも、第一の顧客が卸売業者やディーラー、小売店だと、そうしたメーカーは商品のエンドユーザーの名前がまるでわからない。それはメーカーにとっては、ターゲットさえほとんど見えない状況だと言っていい。

こうしたメーカーが、卸売業者やディーラー、小売店からエンドユーザーの名前を集めることはできるはずだ。ここでアドバイスを一つしておこう。

ディーラーをパートナーに引き入れよ

メーカーは、そのパートナー関係の中ですべての仕事をすることになる。このパートナー関係でのメーカーの義務は、提供するものを購入者に紹介するための手紙を準備すること、提供するものの費用を負担すること、それに印刷や郵送の費用をもつことである。パートナー関係でのディーラーの義務は、名前の提供である。一見すると、これは明らかにディーラーに有利な偏ったパートナーシップに思えるかもしれない。いや、確かにそう見えるだろう。

しかし、メーカー側の利益がどんなものかちょっと考えてみよう。メーカーは、パートナー関係にあるディーラーのすべてをカンフル策のプログラムに組み入れることになる。メーカーは、ほんの一握りの販売代理店しかプログラムを実行しないという一貫性のないやり方に頼る必要がなくなるだろう。メーカーは、すべてのディーラーに対してプログラムを一貫して実施させることになる。メーカーはカンフル策の費用を負担するが、そのメーカーにはマーケティングの予算があるはずだから、私が紙ナプキンに書いたような計算が可能になるだろう。マーケティングのプログラムで、こうしたやり方で競争相手を排除し、こんなすごい見返りをもたらすものはほとんどないといっていい。

Test

❶カンフル策が使えない業種を少なくとも一つ挙げなさい。

❷自社の商品について、購入時期をどれくらい早めれば売上げを加速度的に伸ばせるかを計算しなさい。

現在の購入間隔□年　　新しい購入間隔□年

❸会社がカンフル策を使おうとしない理由を一つ書きなさい。

答え

❶この問題は答えるのが難しい。というのは、どんな企業でも、容易にカンフル策が使えるからだ。しかし、それが効率的ではない企業もたくさん存在する。ガムのような低価格商品を売る企業は、その有力な候補者とはならないだろう。

❷ここであなたの計算をチェックするのは無理だが、その必要はないだろう。もしその数字があなたにとってすばらしく思えるなら、私が何と言おうと、カンフル策をただちに使えばよい。それで数字はどう見えるだろうか。

❸私の友人が、カンフル策を使う会社は、同じ顧客からの将来の売上げを先取りしているだけではないかと言った。私は答えて言った。「そのとおり！」

それから私は友人にある計算をしてもらった。「とりあえず、顧客全員が今か、今から6カ月後に買うと仮定しよう。顧客の金を6カ月早く手に入れるというのは、何か意味があるに違いない。5パーセントか10パーセントか。もっとかな？」

カンフル策の本当の価値は、それによって明らかに企業に競争力がつくことにある。というのは、その企業は、**顧客が自分の方から買おうと思い立つ少し前にその顧客の心を動かすからだ。**

第4章

少額だが、非常に目につくお金を
クレージーなアイディアに使う

Jump Start Marketing ④

新しい顧客の獲得には、トップが率先して取り組め

新しい顧客の獲得で問題になるのは、苦境から抜け出すためにマーケティングを進めようとしている企業でさえ、新しい顧客獲得のための代価を払いたがらないということにある。だがそれこそが、新しいビジネスを手に入れるための真のコミットメントなのだ。

では真のコミットメントについて話してみよう。そうすれば、その代価が妥当なものかどうかわかるだろう。真のコミットメントをするというのは、セールススタッフにはっぱをかけて新しいビジネスを獲得させたり、彼らに何か魅力的な動機を提供しようということではない。新しいビジネスを獲得するための真のコミットメントとは、ただ以下の三つを実行することである。

○新しいビジネスは、その会社の社長にとって最優先事項でなければならない。
○セールススタッフは、新しいビジネスに焦点をしぼらなければならない。
○新しいビジネスを獲得するために、従来とは違ったやり方で、ある程度のお金を使うことが必要である。

新しいセールスと弁護士との打ち合わせと、どちらが重要か

自身をジャンプ・スタートさせたいと思っている会社にとって、新しいビジネスは非常に重要なので、社長自ら動くべきである。

こう言うと、社長の中には困ったと思う人も出てくるかもしれない。こうした社長たちは、会社の全部門の筆頭副社長と会うのにひどく忙しいと言うだろう。彼らは銀行幹部や弁護士とも会って

いるが、言うまでもなく、この人たちは新しいビジネスをもたらすことはできないのだ。

私がニュージャージー・ネッツの社長だったとき、自分が説いたことをどのように実践していたか見ていただこう。しかしその前に、プロ・スポーツチームの主な収入の流れを簡単に見ておく必要があるだろう。

プロのスポーツチームの場合、収入源には三つの分野がある。

○国内向けテレビ
○チケット販売
○ラジオ、テレビ、ケーブルテレビ、アリーナやプログラムの広告での地元のスポンサーシップ

個々のチームは、国内向けテレビからの収入を増やそうと思っても、全く影響力を持たない。だから、新しいビジネスが生まれるのは、新しいチケット・セールスと地元の新しいスポンサーシップに限られる。プロのチームのほとんどの社長は、この責務をチケット担当副社長とスポンサーシップ担当副社長にまかせている。私の考えでは、チケット担当副社長とスポンサーシップ担当副社長がいかに有能でも、チームの社長は新しいビジネスを彼らにまかせてはいけない。

ここでは、私がニュージャージー・ネッツの社長になったときに、いかに人にまかせないようにしたかを説明しよう。

⑴スポンサーシップのセールスは私に直接報告させる

セールススタッフは五人で、スポンサーシップのセールスが専門だった。その五人全員が私に報告した。私は彼らの所属長であり、社長でもあった。

スポンサーシップのセールスで、私自身が毎日のあらゆる細々としたことに関与する必要があったのだろうか。そう考えていただいた方がいい。私はスタッフと見込みのある顧客に、ニュージャージー・ネッツにとってスポンサーシップはきわめて重要だというメッセージを送りたかったのだ。その結果、地元のスポンサーシップの売上げが、四年間で四〇〇万ドルから七〇〇〇万ドル以上に増加した（下図参照のこと）。

この増収の大部分はもちろん、新しいスポンサーを獲得したことからきていた。仕事は五人のセールススタッフがすべてをやってくれた。五人がセールスの電話をかけ、必要なときは私が加わった。ネッツは相変わらずニューヨーク地区の九つのプロ・スポーツチームの中で最も人気がないと思われていたが、社長がセールスの電話をかけているチームはほかになかった。ニュージャージー・ネッツの場合、スポンサーシップが最優先事項だということがマーケットにとって明らかになった。

⑵チケットの販売に毎日関わる

ネッツには、チケット・パッケージを販売するフルタイムのセールススタ

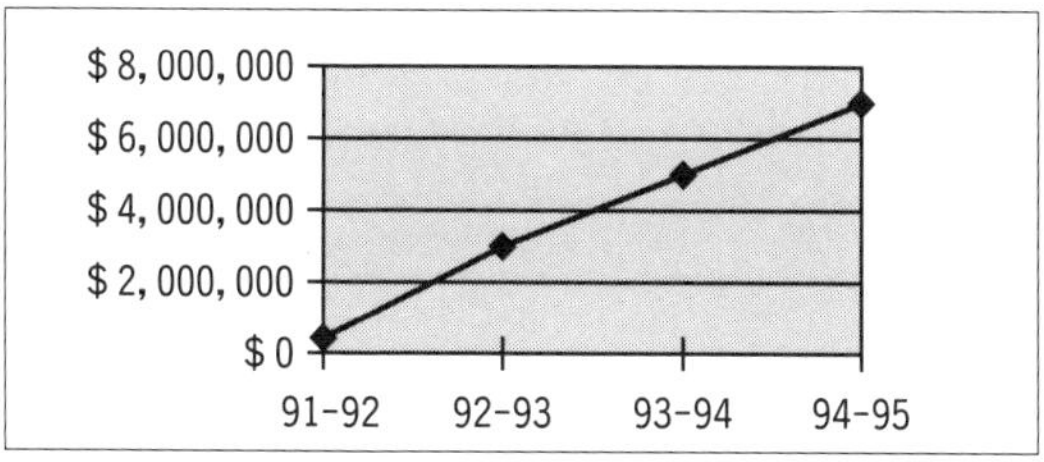

ッフが二〇人以上いた。この大勢のセールススタッフを日常的に監督するのは私には無理だった。そこで、チケット担当副社長のジム・レイヒにこの仕事をまかせた。プロ・スポーツチームにとってチケットは活力の源だから、私はチケット担当のセールススタッフと仕事を一緒にするようにして、チケットの販売がネッツでの最優先事項であることを印象づけようとした。

チケット担当のセールススタッフの採用では、私は直接最終面接を行った。もちろん、私はチケット担当副社長が雇いたいと思った人は、一人として不採用にはしなかった。実のところ、それは問題ではなかったのだ。私はただ、入ってくるセールススタッフに、チームの社長はそれが重要だと考えているから選考の過程に関わっているのだということを理解してもらいたかった。

新しいセールススタッフの面接のほかに、私はチケット・セールスの基礎訓練キャンプを指揮した。これはセールススタッフに使ってほしいセールスの基本を「改めて手ほどきする」ために毎年行っていた。

これはちょうど野球の春季キャンプのようなものだった。選手たちが、バントや中継プレーといった基本練習をするように、セールススタッフは、新しく顧客にできそうな人と会う約束をとりつけたり、顧客側の状況に応じてプレゼンテーションをいかに変えるかといった基本に取り組む。こうした若いセールススタッフたちには、毎年、実際に試練を経験させた。実のところ、私はチケット担当副社長に言ったものだ。

「私がこの若いセールススタッフの一人だったら、毎年これをクリアできるか自信がないな。かなり厳しいからね」

彼は笑って、そうですね、と言った。しかし、これはセールススタッフの技能を向上させるには不可欠で、さらに自分の会社の社長はそれが重要だと考えているから、その週はこれにかかりきりになっているのだということを強調するためにも欠かせなかった。

さらに、私は週二回の販売会議にも出席した。どのプロ・スポーツチームの社長でもそんなことをする人は一人もいないと思う。チームの社長の中には、チケット担当副社長の名前を聞かれたらチームのメディアガイド（訳注＝メディア向け資料集）を見なければならないという人もいることだろう。スポーツ以外の世界では、何人の社長が毎週の販売会議に出席しているだろうか。社長はセールス担当副社長には話をしても、セールススタッフとは話さないのだ。会社をジャンプ・スタートさせるには、社長は少なくとも販売会議に出ることが必要だ。たとえ一言もしゃべらなくても、販売会議に出席することで、その会社にとってセールスがいかに重要かという大きなメッセージを送っているのだ。

プロ・スポーツチームの社長が、いかにセールススタッフを遠ざけているかを示す次の例は、極端な誇張じゃないかと思えるかもしれない。この話をしてくれたのは、野球のメジャーリーグのあるチームの社長だった。すべては彼がチケットのセールスオフィスの場所をやっと突き止めた時に始まったのだ。

彼は、以前からチームの電話代がかさむのに気づいていた。このチームはチケットのマーケティングについての私のワークブックを購入し、セールススタッフを増やすようにという私の勧めを受け入れていたようだ。セールススタッフにはもちろん電話が必要だ。この野球チームの社長はついに電話代がかさんでいる原因を突き止めた。電話は、スタジアム内部のある部屋に引かれていた。社長がその部屋に入ってみると、テーブルがずらっと並んでいて、その上にたくさんの電話が置かれていた。そこでは若い人たちがその電話を使っていた。彼は近くのテーブルに座っていた一人の若い男性の前に立って、君たちはいったい誰だね、と尋ねた。彼らはもちろん、チームのためにチケットを売っているセールススタッフだった。

ネッツではこんなことは起こらなかった。私はもちろん、セールススタッフ一人ひとりの名前を知っていた。さらに、彼らの個人的な事柄や、セールスをどういうふうにやっているかもわかっていた。こうしたことに気を配るには時間がかかる。毎日時間を割かなければならない。私はこの時間をどうやってつくりだしたか。銀行幹部や弁護士と会わないことで時間をつくりだしたのだ。私はそれを最高財務責任者にまかせた。またセールスやマーケティングに関係のない多くの責務もまかせた。何といっても、「天からの新しい顧客」をつくりだす手助けをすること以上に有効な時間の使い方があるだろうか。

財務屋タイプの社長へ一言

この「腕まくりをして新しいビジネスと関わる」という態度になじめないと感じる社長もいることだろう。これは特に、セールスやマーケティング以外の道をたどってトップの座へ上りつめた社長に言えるかもしれない。彼らはセールスに対する直観や興味を持ちあわせていないのだろう。私が知っている社長の中にも、セールススタッフが社長といることで居心地悪く感じる以上に、セールススタッフといることで明らかに居心地が悪いと感じている人がいるのだ。こうしたことが起きた場合、その社長は新しいビジネスの責務を人にまかせていいのだろうか。

もちろん、それはよくない。社長はこの新しいビジネス努力にどうやってうまくなじんだらいいかを学ばなければならないのだ。財務屋タイプの社長はこうした努力を率先してしようとはしないかもしれないが、ネッツでの私のように深く関わることは可能なのだ。この社長は販売会議に出ることもできれば、セールススタッフと共に特定の相手にセールスの電話をかけることも、また「春季キャンプ」を監督することもできる。その社長は少しばかり引っ込み思案というだけなのかもしれない。だが、いずれにしても、社長はセールスやマーケティングのスタッフから学んでいくはずだ。社長は新しいビジネスのプロセスにより深く関わることによって、会社をジャンプ・スタートさせる際の主力となるのである。

社長が「ノー」と言ったらどうするか。社長が製造部門か財務部門出身者で、自分から進んで新しいビジネスを生み出す手助けをするつもりがないと仮定しよう。その場合、すべての鍵はマーケティングの最高責任者が握ることになる。

その社長が、マーケティングによって会社の窮状を救う手助けができないか、そのつもりがないとしたら、彼はマーケティングの最高責任者を全面的に支持すべきだ。その支持が不完全だと、その会社はジャンプ・スタート・マーケティングで十分な効果を上げることができないだろう。

あなたの会社の社長にやる気がないなら、この章のコピーをとって、その社長の部屋のドアの下から、わからないように入れておくとよい。何が起こるか見てみよう。その社長はほんの軽い一押しが必要だったのかもしれないのだ。

ある程度以上の規模の会社で、スタッフのための給湯室が備わっているようなところでも、誰もそこの掃除をしたがらないということにお気づきだろうか。使ったカップや皿が流しにそのままになっている。冷蔵庫では古くなった食べ物にかびが生えている。なぜだろうか。各人が少なくとも自分のカップくらいはちょっと片づけるんじゃないかとお考えだろう。しかし人間の性質がそんなふうに働くことはないらしい。

同じ人間の性質が、新しいビジネスをつくりだすセールススタッフに働いているのだ。流しのカップを片づけようとしないのと同じように、セールススタッフは新しいビジネスをただほったらかしておくのだ。

これについて考えてみよう。セールススタッフがどんな状況に置かれているかを考えていただきたい。

○セールススタッフは通常、セールスの成績に応じた歩合制か割増金制度に基づいて給料が支払われる。
○セールススタッフは、ほかの従業員と同様、自分が十分な収入を得ていると思っていない。
○セールススタッフはたいてい、自分たちが最高幹部から高く評価されているとは感じていない。

セールススタッフは、ほかの従業員と違って、より多くお金を稼ぎ、より尊敬されるようになるための即座の解決法を持っている。セールススタッフは、新しいビジネスをもたらすことができるのだ。セールススタッフがそれを実行するなら、実際に収入も増えるはずだ。新しいビジネスをもたらせば、いかに古くさい経営陣でも、そのセールススタッフに対して、ある種の謝意を表わすことだろう。

なぜ、セールススタッフはそれを実行しないのか

新たな顧客を獲得するのは難しい。拒絶される可能性の方がはるかに大きいのだ。彼らは知らない人たちを相手にしなければならない。たとえ収入が増え、より認められるようになるとしても、新しいビジネスを追いかけるよりは、ぐずぐずして先に延ばす方が気楽なのだ。流しのカップをそのままにする方が楽なように。

そのためにセールスマネジャーがいるじゃないか、とあなたは言うかもしれない。セールススタッフが新しいビジネスを追い求めるように激励し、やる気を起こさせるために。だが、それは違う。特にジャンプ・スタートが必要な会社の場合、それは社長の仕事なのだ。

セールススタッフが、社長が本当に新しいビジネスに焦点を合わせているのだとわかっていれば、新しい社風がつくられていくだろう。それは、ただお金のためだけではないはずだ。それは、社長から認められるためでもあるのだ。そして、社長としては、絶えず新しいビジネスをもたらしてく

れるセールススタッフを本当に評価することになるだろう。

新しいビジネスにクレージー・マネーを使う。ある会社が新しい社風をつくりだしたら、新規顧客をさらに獲得するために、クレージーなアイディアにお金を使うことが大切である。私はなにも大金を使うように勧めているわけではない。それでは本当にクレージーなことになってしまう。私が言っているのは、少額だが、非常に目につくお金をクレージーなアイディアに使うことである。

この少額のお金を使うことは、二つの目的にかなっている。

○少額のお金を使うことによって、実際に新しいビジネスを獲得できるかもしれない。

○自分のセールススタッフとほかの従業員たちに、新しいビジネスに対する意気込みを強調できる。

二、三例を挙げてみよう。ポートランド・トレイルブレイザーズにいたとき、私は、われわれはスポンサーシップを売ることにかけてはNBAのどのチームよりもいい仕事をしていると思っていた。われわれはNBAでは三番目に小さなマーケットにいたにもかかわらず、ラジオのスポンサーシップでは一位にランクされていた。テレビのスポンサーシップのセールスでも第二位だった。しかしわれわれはまた、アメリカの太平洋側北西部という目立たない土地にいた。ここは住むにはすばらしい場所なのだが、アメリカ資本主義の中心地でないことは確かだ。ニューヨークやシカゴ、ロサンゼルスといったメディアの中心地が、われわれを見落としたとしても不思議はなかった。

そこで、全国的に流通している広告業界の雑誌に広告を掲載することにした。費用はおよそ三〇

○○ドルかかった。この雑誌では、いろいろな新聞やテレビ局の広告にそれぞれのマーケットの人口統計が載せられている。かなりうんざりするものだが、ふつうの新聞やテレビ局だったらそうすると思う。われわれの広告は少し違っていた。

それは全面広告だった。一見しただけでは、それがプロ・スポーツチームの広告とは全く思わないだろう。プレーしている写真もなければ、ブレイザーズのロゴすらなかった。われわれは読者がスポーツファンであろうとなかろうと、読者一人ひとりの心をつかみたかった。そこでダイレクト・マーケティング広告によって読者の心を動かそうと決めた。見出しはこうだ。

「小冊子を一つだけ選ぶとしたら、どちらがいいですか」

そして、小見出しは次のようにした。

「一方は三〇万ドル、もう一方は一三〇〇万ドルの利益をもたらしてくれるかもしれません」

あなたはこれに注意を引かれただろうか。

三〇万ドルと一三〇〇万ドル。この二つの数字は、ブレイザーズのスポンサーである二つの企業の売上げの増収額を表わしている。

広告の最後には、二つの無料の小冊子から選んでもらうようにしてあった。その二つの小冊子とは次の二つである。

スポーツ・マーケティングの評価

この小冊子は、スポーツのスポンサーシップをスポンサーにとって、いかにより効果的に機能させるかについての様々な評価基準にスポットを当てていた。もしあなたがこの小冊子の基準を使うなら、ブレイザーズのスポンサーシップがあなたの商品にとってすばらしいものだとわかるだろう。

スポーツ・マーケティングのケース・スタディ

この小冊子には、実際にスポーツのスポンサーシップによって利益を得た会社のケース・スタディが載っていた。それぞれのケース・スタディは、もちろんブレイザーズのスポンサーである。

ところで、この二つの小冊子は、新しく顧客になりそうな相手へ提案するパッケージの一部として、すでにわれわれの手元に用意してあったものだ。

われわれは広告のおかげで、たとえ北西部に位置していても、企業がスポンサーシップを買うべきチームとして自らを表明できたと思う。

しかし、この広告によって新しいビジネスを獲得できるとは実際には思っていなかった。ただ、広告の世界にわれわれがいかにすばらしいかを知ってもらうために、クレージー・マネーをちょっと使ってみただけなのだ。ところが、新しいビジネスで八〇万ドル以上のお金が入ってきたのだ！

たとえ新しいビジネスを獲得できなかったとしても、それなりに楽しむことはできただろう。その三〇〇〇ドルの「ばかげたお金」は使うべきものだったのだ。さらに、その広告の抜き刷りを、新しいビジネスの提案の一部として使うこともできた。

もし、われわれが新しいビジネスで得たのが三万ドルであれば、パーティーを開いて勝利を祝っていただろう。しかし八〇万ドルとは！　正直言って、どうやって祝ったらいいのかわからなかった。

クレージー・マネー

ニュージャージー・ネッツでは、様々なチケット・パッケージを売るために、日刊紙に多くのダイレクト・マーケティング広告を載せていた。われわれは電話や注文を一つひとつ追跡し、成功の基準を考え出した。広告掲載にかかった費用一ドルにつき、チケットの注文で少なくとも四ドル戻ってくることを期待したのだ。もし広告がこの基準に達していれば再び掲載した。達していなければ、掲載はやめた。

われわれはニュージャージーの二つの主要日刊紙に定期的に広告を載せていた。これは、まともで理にかなったことだった。というのは、この二紙の販売地域とわれわれがマーケットと定義した地域が重なっていたからだ。

まともでも理にかなったことでもなかったのは、アメリカで売られている日本語新聞に広告を出したことだ。それがいかにクレージーなことか考えてみていただきたい。サンフランシスコにいる日本人がニュージャージーでのネッツの試合の広告を『読売タイムズ』で読んだとき、どう思うだろうか。サンフランシスコからニュージャージーまで、バスケットボールの試合を見に行くとしたらかなりの距離だ。

だが、われわれのクレージーさにも一定のやり方があった。アメリカの日系企業のほとんどが、サンフランシスコとニューヨークに集中していることは知っていた。こうした企業は、アメリカ人を何千人も雇っている。そしてエグゼクティヴは日本人のサラリーマンを連れてくる。これらの日本人エグゼクティヴには、通常アメリカでの勤務に対して手当が出る。さらに、彼らはアメリカ的な生活を経験したいと思っている。日本では、バスケットボールはメジャーなスポーツではないものの、マイケル・ジョーダンやシャックは世界的に知られた存在だ。そこでわれわれの小さな広告では、ジョーダンとシャックを目玉に、こうした日本人サラリーマンを相手にセールスする地域担当スタッフとして雇った若い日本人にスポットを当てることにした。注文が殺到した。四ドル対一ドルの割合ではなく、何と二〇ドル対一ドルの割合で入ってきたのだ！

私がネッツを去っていなかったらならば、きっとクレージー・マネーを使って、日本の国内だけで販売されているバスケットボールの雑誌に広告を出していたことだろう。この場合も、そのクレージーさにはある理屈があったはずだ。毎年、大勢の日本人がニューヨークを訪れる。ならば、ニューヨークにいるときにネッツのゲームを見に来てもらってはどうだろうか。

表面的には、クレージー・マネーを使うことは確かにクレージーに見える。しかし、新しいビジネスを獲得するのは容易なことではない。時にはクレージーなアイディアにクレージーなお金を使って、それが有効かどうか確かめてみることも必要なのだ。

多くの企業は、話題の新製品が現れて、新しいビジネスを運んできてくれるのを待っている。企業の中には、チャンスを待っている間に消滅してしまうものもある。私はイノヴェーション（第6章）を大いに信奉してはいるが、同時に、企業はイノヴェーションによって立ち直るまで待てないということも真実だと思う。

企業を立ち直らせるには、新しいビジネスの獲得に全面的にそして本気で取り組むことだ。そしてこの取り組みはトップから始まるのだ。

Test

❶次は、新しいビジネスに本気で取り組むために企業がなすべきことだが、三つのうちであなたの会社が行っていないのはどれだろうか。

◯新しいビジネスは、社長の最優先課題である。

はい　　　　　　いいえ

◯セールススタッフは、新しいビジネスにはっきり焦点を合わせている。

はい　　　　　　いいえ

◯新しいビジネスを獲得するために、慣例によらないやり方でお金を使う。

はい　　　　　　いいえ

❷新しいビジネスを獲得するために、あなたがクレージー・マネーを使うことができる三つの分野を挙げよ。

答え

❶私は、ある会社がボトムアップで自らジャンプ・スタートさせた例は見たことがない。会社の社長（あるいは少なくともトップに近い副社長）が、ジャンプ・スタートのイニシアティヴをとることが必要だ。あなたが社長や筆頭副社長の１人でなくても、まだ望みはある。自分でジャンプ・スターティングのための「テロリスト・グループ」をつくるのだ。ジャンプ・スターティングのために「テロリスト・グループ」をつくるのは比較的やさしい。詳しいことは第７章を読んでいただきたい。

❷ある講演の中で、私は会社が新しいアイディアを得るためにクレージー・マネーを使うようにと勧めた。質疑応答になって、１人の男性が立ち上がってこう言った。

「うちの会社はきちっと効率的に経営しているので、クレージー・マネーを使わせるわけにはいきません」

「新しいビジネスのためでも？」と私は聞いた。

「たとえどんな目的でも無理です」と彼は言ってあごを突き出した。

　私は彼に向かって大声で言った。「いいですか！　よく頭を使って下さい！」

　彼の回りの人たちは驚いてこちらを見た。彼はたじろぎもしなかった。

「私も会社は効率第一で経営すべきだと思う」と私は言った。

「しかし、新しいビジネスにクレージー・マネーを使わなければ（しかも私が言っているのはそれほど多くのお金ではない)、あなたは自分を売り込むことも、新しいビジネスを獲得するチャンスをつかむこともできない。すると会社全体があなたの上にくずれ落ちてくるかもしれない。あなたは地獄へ滑り落ちても、熱さを感じ始めるまではそのことに気がつかないだろう。新しいビジネスにクレージー・マネーを使いなさい。破産の裁定人は、効率的な経営をしていたからといって、その会社を決してほめてはくれないのだ」

第5章

ミスにボーナスを出す

Jump Start Marketing ⑤

小さな実験をすることで、大きな変化をつくりだせ

ネッツをやめる前に、私はミスをした人たちにボーナスを払うというアイディアについてあれこれ考えていた。私が言っているのは、タイプミスとか週末にオフィスのコーヒーメーカーのスイッチを切り忘れたといった単純なミスのことではない。私が言いたいのは、もっと大きなミスのことだ。

そんなクレージーなアイディアなら、私が実行に移して実際に何らかの損失を与える前にやめてしまってよかったとお考えかもしれない。解雇というのは、オーナーがとる行動様式ではない。彼らが最初に選ぶのはギロチンだろう。その次にくるのが、「やつをクビにしろ!」なのだ。

私がボーナスを払おうとしていたミスは、私が長年期待し、奨励してきたタイプのミスだった。そのミスとは、イノヴェーションをしようとしておかしたミスのことだ。

私としては、なかなかいい公式を考え出したつもりだが、それについてはこの章の後の方で説明することにしよう。その前にお話しておきたいのは、ジャンプ・スタート・マーケティングを続けている間のイノヴェーションの役割についてである。実のところ、私はイノヴェーションが非常に重要だと感じているので、この章と次の二章をこれに当てるつもりだ。

クレージーなアイディア

この本のジャンプ・スタートのアイディアをほんのいくつか取り入れるだけで、あなたは自分の会社に変化をもたらすことになるだろう。しかし、それだけでは十分ではない。ジャンプ・スターティングによって引き起こされる成長を維持するためには、あなたの会社や部門は変化を実践しなければならないのだ。

知ってのとおり、人間は変化を好まない。確かにこれは月並みな考えではあるが、真実なのだ。人々は、会社の給湯室に集まって、あるいは仕事の後、同僚たちと一杯やりながら、会社はこれこれのことをいかに変えるべきかといった話をするかもしれない。確かに彼らはくだけた場所では変化を口にするだろうが、変化を実践したいと思う人はほとんどいないのだ。私が言っているのは、毎朝社内を回り、一日中変化と正面から向き合うといったやり方である。

こうしたタイプの変化は、実際は見かけほど恐ろしいものではない。私がイメージする変化とは大きな変化ではなく、会社が行っているあらゆる業務の中のちょっとした変化、ちょっとした改善である。ジャンプ・スタートの原則は、そこで働く人に恐怖を感じさせることなく変化に着手するためのすばらしい触媒なのだ。しかし、ジャンプ・スタート・マーケティングを推進するものは何だろうか。

会社をジャンプ・スタートさせるときは、成長の動きもスタートさせているのだが、いったん成長が始まってジャンプ・スタートの原則が棚上げされると、その成長も途中でぴたっと止まってしまう。ここで必要なのは、「小さなイノヴェーション」であり、これはもちろん、ジャンプ・スタートの勢いを維持するためのちょっとした変化である。この勢いが必然的に大きな、画期的なイノヴェーションをもたらしてくれるだろう。

社員は、革新的なものを避けようとする

もし社員に対して「これからは変化していかなければならない」などと言ったら、実際に全員が恐怖心を抱くことはほぼ間違いない。こうしたタイプの恐怖心を抱いてしまうと、思考が停止し、革新的であろうとするどんな努力もできなくなってしまう。いつも変化を実践しているような文化を育てるには、変化とは見えないように小部分に小分けして、脅威を感じさせないように行うことが必要になる。

変化を小さく見せかけるのは、もっともな理由がある。多くの従業員は、長年かけて、変化について考えないように自分を保護するための「傷あとの組織」をつくっている。この組織は、従業員たちが、何らかのミスをおかした人たちに一様に示される軽蔑的な態度を見ることで幾重にも積み重なってできたものだ。場合によっては、その軽蔑は本人に向けられたものだったかもしれない。

たとえ会社が地獄へ向かっていたとしても、層になった「傷あとの組織」が身についていると、従業員は革新的なものを避けようとする。

私が発見したのは、従業員たちは変化を嫌がるものの、「ちょっとした実験」ならかまわないということだ。実験というのは、つまるところ試験的な、つまり一時的なものであって、本当の変化ではない。あくまでも実験にすぎないのだ。

ネッツでは、いつも多くの「ちょっとした実験」を行っていたので、われわれは日々変化し進歩

していた。徹底的で大胆な変化は、誰も経験しなかった。というのは、そんなものはなかったからだ。徹底的な変化がなかったから、恐怖を感じる理由もなかった。しかし、変化はあったのだ！実際、実験となると、従業員たちは通常の業務に対する以上に熱心になり、仲間意識を発揮した。しかも彼らは考えるようになった。それも毎日だ。彼らはイノヴェーションを始めたのだ。それも毎日。

「ちょっとした実験」が社風を変える

こうした「ちょっとした実験」は、従業員が変化を実践するように後押しする。しかし、一つ注意したいことがある。たとえ従業員が変化を実践するようになっても、彼らが画期的なアイディアを思いつくなどと期待するなということである。

従業員は、思いつきを口にするのが好きだ。それでは十分ではないと思ってはいけない。それで十分なのだ。彼らがいったん変化を実践するようになったら、そうした思いつきから画期的な考え方が導かれることもあるのだ。

私がネッツのスタッフからの思いつきの数を増やすために試みた一つの方法は、シンクタンク・セッションで行ったものだった。ポートランド・トレイルブレイザーズで仕事をした一一年の間、私は毎年これに似たタイプのセッションを開いていた。一回目の出席者はたったの四人だった。それはわれわれのマーケティング部門のスタッフだった。しかし私は、単純な思いつきが複雑な問題に対するいかにすばらしい解決策になるかにいつも驚嘆の念を禁じ得なかった。思いつきがきっかけとなってわれわれを成長へと導いたのだ。実際、ブレイザーズで最後に出たシンクタンク・セッションでは五〇人が出席していた。

シンクタンク・セッションでは、「シーズンチケット保有者の九五パーセントを更新させるにはどうしたらよいか」といったテーマを選んだが、どんなテーマでも、少なくとも数個のアイディアが全員から出てきた。

一つ例を挙げよう。スポンサーシップのセールススタッフの一人が、シンクタンクのコーヒーブレイクのときに次のように聞いた。

「どうしてプレスはチームのベンチの後ろに座るようになったんですか」

そこに居合わせたわれわれ三、四人は、互いの顔を見つめていた。時間が停止したように感じられたそのとき、質問をした人が言った。

「よそのアリーナではどこでも、ベンチの後ろにファンが座っています。うちではプレスの代わりにスポンサーに座ってもらってはどうでしょうか」

そのときは、誰もこれが画期的なアイディアで、その質問の前には存在していなかった一〇〇万ドルのプロフィットセンター（利益中心点）になるとは予想もしていなかった。

彼の質問に対する答えは少々ばかげたものだった。メディア関係者がチームのベンチのすぐ後ろに座っているのは、昔からそこにいるからだ、と。

ネッツではチケットの需要が多いということがまるでなかったので、こうした席が実際に売れるとは考えたこともなかった。あるときからメディアが陣取るようになり、いつのまにか固定化してしまったのだ。そこで、われわれはそれを変えるために話し合うことにした。

ディスカッションの初めの方では、ベンチの後ろをファンの席にしてはどうかということになった。この席にどれくらいの価値があるかを誰かがすばやく計算した。

そのとき誰かが、「看板だ」と言った。

このスタッフは、ベンチの後ろにスポンサーに座ってもらう代わりに、スコアラー（記録係）のテーブルにあるような広告用の看板を取りつけてはどうかと提案した。それぞれのベンチの後ろの九メートルの看板。こうしたタイプの看板を売るとき、その本当の価値は、それがテレビに映りやすいかどうかで決まる。テレビのカメラがどちらかのバスケットに焦点を合わせているとき（ほとんどの場合そうなのだが）、ショットを画面に入れようとすると、この広告用の看板が嫌でも画面の上三分の一に入ってくるのだ。これは価値がありそうだ。

われわれはこの看板のパッケージを概念化し、引っ張ったり、つまんだり、ぺちゃんこにしたりして、それから平らに広げて値札をつけて、どんな感じか吟味してみた。かなりいい感じだった。六カ月後、その看板のパッケージが売れて一〇〇万ドルが直接純利益として入ってきた。それはちょうど、道を歩いていたら一〇〇万ドル分のまっさらな小額紙幣が置いてあるのを発見したようなものだった。

これを見てみると、誰も画期的なアイディアを思いついたわけではないし、グループに説明したこともなく、全員が立ち上がって喝采したわけでもない。画期的なアイディアはどれも、自分たちがしていることを改善するための思いつきからスタートしたのだ。非常に簡単なことだ。脅威を感じさせるものでもない。それは単なる思いつきか、「ばかな」質問にすぎなかった。ある思いつきが、プロフィットセンターになるようなアイディアになったのだ。

思いつきを出してもらうのも、最初は簡単ではない

それでは、こうした思いつきをボーナスと結びつけるとよかっただろうか。確かに、そうすれば思いつきの数は増えただろう。だが、結果として失敗した思いつきに対してだけボーナスを出すというのはどうだろうか。それによって多くの「傷あとの組織」が取り除けるのではないか。それによって思いつきを出すことが社会的にもっと受け入れられるようになるのではないか。

なぜ失敗に対してボーナスを出すのか。なぜ成功をもたらした思いつきだけではないのか。失敗に対してボーナスを出す理由は二つある。

成功にはどのみち報酬がある

こうしたシンクタンク・セッションに出席した人たちは皆セールスとマーケティングのスタッフだった。各人は何らかのタイプのボーナス・プログラムに基づいて仕事をしていたから、会社の収入が増えれば彼らの収入も増えた。あるアイディアが商品化されて収益を生み出せば、通常の報酬の中で全員が利益を得た。たとえば、試験的に行った試みが成功し、それが拡大されて毎日の業務の一部になれば、それも彼らの報酬の一部になった。チーム・ベンチの後ろの看板の場合がまさにこれだった。このプロジェクトに対して五万ドル以上がボーナスとして支払われた。

よりよい思いつき、よりよいアイディア、より高いチャンス

失敗から祟りが取り除かれると、私の感じでは、人々はよりよい思いつきを生み出すようだ。よりよい思いつきは、よりよい商品のアイディアや改善をもたらす。よりよい商品のアイディアは、より高い成功のチャンスをもたらす。より高い成功のチャンスは、より多くの収入をもたらす。より多くの収入はふつう、より多くの利益をもたらす。

ミスをしたことに対してボーナスを出すのは、実際にはもっと多くの思いつきを促すための「安全保障」なのだ。私は何もすべてのアイディアを認めるようにと言っているわけではない。しかし、アイディアが認められて結果として失敗した場合、それに関わっていた人たちはボーナスをもらうべきだと思う。

失敗に対してお金を出せば、失敗するアイディアも少なくなるはずだ。その主な理由は、自由奔放な思いつきが、多様性に富んだ画期的なアイディアをもたらすからだ。懐疑的な見方をする人はこう言うかもしれない。

「失敗に対して金がもらえるなら、そうしたプロジェクトをターゲットにして、それをわざと失敗させる人が出てくるんじゃないか」

こうした考え方は、人間本来の性質に反するものだ。人は自分のアイディアが成功するのを見たい気持ちの方がずっと強いはずだ。それに、失敗に対する現金のボーナスはそう大した額ではない。せいぜい五〇〇ドルくらいだろう。もしそれが一〇万ドルというのなら、その人は自分からそのアイディアを妨害しようとするかもしれない。しかし、たったの五〇〇ドルなら、誰もそんなことは

しないだろう。

では繰り返すが、なぜ失敗に対してお金を出すのか。なぜ五〇〇ドル払うのか。**このボーナスは、会社が新しいアイディアや改善のための思考プロセスを重視していることを強調することになるからだ。**

失敗したアイディアに五〇〇ドル出すといった単純なことは、非常に力強いメッセージを送ってジャンプ・スタート・マーケティングの勢いを保つ働きをする。失敗に対してお金を出すという考え方そのものが、「イノヴェーション、イノヴェーション、イノヴェーション、飽きたらさらにイノヴェーションせよ」という社風の確立に役立つのだ。

Test

❶空欄を埋めよ。

従業員は、[　　　　　]が好きではないが、「ちょっとした[　　　　　]」ならかまわない。

❷失敗に対してお金を出すというのはクレージーなアイディアだ。しかし、試してみたいと思っている。一つ問題がある。自分の会社の組織のあり方から判断すると、ボーナスとして現金を出すことはできそうもない。しかし、ほかにも出せるものがある。それを書き出しなさい。

答え

❶従業員は、変化が好きではないが、「ちょっとした実験」ならかまわない。

❷人々に、考えたうえでイノヴェーションさせることは非常に難しい。失敗にお金を出すというのは、革新的であることの重要性を強調する一つの方法にすぎない。

しかし、上役にこうしたクレージーなアイディアを認めさせることは、人々に考えたうえでイノヴェーションさせるよりもさらに難しいかもしれない。失敗に現金を出す以外にほかの方法はないだろうか。

ボーナスとして休暇を与えてもよいだろう。これは、実行に移すのはかなりやさしいはずだ。ただその人に、ある日か、ある週、休暇をとるようにと言えばいいのだから。おそらく、その分の埋め合わせも可能だろう。

やさしい代わりに、これは現金ほどいい方法ではないし、イノヴェーションについてのメッセージを送るうえでもドラマチックとは言い難い。では、数日の休暇を与える以外には何があるだろうか。

会社持ちの旅行？　それともの会社持ちの食事？

さてさて、何かあるはずだ！　何かうまい方法を考え出していただだきたい。

第6章

自社の商品が、われわれを救うことはない

Jump Start Marketing ⑥

いますぐ、革新的なマーケティングをせよ

第5章で、私は、イノヴェーションにどれだけ期待しているかを強調するために、ミスにボーナスを出すとよいと書いた。ほとんどの産業で、イノヴェーションの最高の役割モデルは、ハイテクビジネスだ。この分野では、自分から手を引いてイノヴェーションをストップさせるというわけにはいかない。もしそうすれば、三カ月から六カ月でひどく遅れをとってしまうだろう。こうしたハイテク企業にとっては、イノヴェーション以外に選択の余地はないのだ。

私の考えでは、どの企業も生き残るためにはいつもイノヴェーションすることが必要だ。ここで言っているのは、画期的な主力商品のことではない。私が言いたいのは次のようなことだ。

こうしたイノヴェーションでも、今ある商品を改善することはできる。思い出していただきたいのは、あなたは自社の商品や会社のマーケティングのために、商品特性を探しているということだ。小規模の、コストがかからないイノヴェーションでも、マーケティングのためのもう一つの特性（あるいはそれに次ぐ特性）をもたらすことがあるのだ。

ちょっとしたイノヴェーション

マーケティング担当者たちのほとんどは、製品を改良させるほどの影響力は持たない。与えられた製品をマーケティングするのが仕事なのだ。私がこの章で述べている、ちょっとしたイノヴェーションというのは、マーケティングのちょっとしたイノヴェーションのことなのだ。

私たちの商品がすべて完璧で、欠点や弱点がないとすれば、人生ははるかにシンプルで楽しいことだろう。しかし、私はそんな世界があるとは聞いたことがない。いつか聞くとしても、そんな完璧な世界には私の居場所はたぶんないだろう。というのは、完璧と言われるほどの商品なら、それ自身でマーケティングをしてしまうからだ。

新商品のイノヴェーション

もしあなたが自動車業界にいるなら、何十億ドルといった巨額の投資の話になってくる。しかし、今ではほとんどの人たちはサービス産業に従事している。こうした産業では、たいてい少額の費用で新商品をつくりだすことができるのだ。サービス産業での新商品は、会社がイノヴェーションの社風をお膳立てしてあれば、ふつうは従業員の思いつきが引き金になる。

私がネッツへやって来たとき、イノヴェーションというのは禁句だった。ところで、これはプロのスポーツチームではそれほど珍しいことではない。また、ほとんどの企業にとっても決して珍しいことではない。

プロ・スポーツチームは、決まって次の二つの言い方をして新しいマーケティングのアイディアから逃れようとする。

「それは、うちのマーケットでは効果がない」

「うちのマーケットは、ほかとは違う」

私は、この二つの言い逃れをスポーツ以外の多くの会社が使っていることを知っている。ばかげた話だ。すでにお話したように、すぐれたマーケティングの原則は、どんなマーケットでも効果があるのだ。確かに、それは少しばかり微調整が必要かもしれないが、すぐれたマーケティングというのはどこでも通用するのである。

社風を変える

これまででおわかりと思うが、私は、イノヴェーションは日常的なものであるべきだと思っている。しかし、イノヴェーションをジャンプ・スタートさせる最もよい方法の一つは、オフィスから離れてシンクタンク・セッションをもつことだ。われわれがニュージャージー・ネッツで行ったのがまさにそれだった。

われわれは、セールス・スタッフのほとんどを、アトランティック・シティへ三日間のシンクタンクのために連れていった。シンクタンクでは、いくつかの想定事項と課題を決めた。私はイノヴェーションのための基本ルールを設定したが、これを設定したのは主としてわれわれが筋道からそれないようにするためだった。基本ルールは次のようなものだ。

(1)自社の商品が、われわれを救うことはない

われわれが会社をジャンプ・スタートさせる最も簡単な方法は、チームという商品を改善することだった。どんな会社にとっても、それがいちばん手っ取り早い方法なのだ。われわれの場合、マイケル・ジョーダンとシャックを加えれば、一夜にしてマーケティングの天才になるだろう。しかし残念なことに、われわれもほとんどの会社と同じく、ただボタンを押せば最高の商品がつくりだせるわけではない。

ミーティングはマーケティング・スタッフのためのものだった。われわれの商品の改善について、スタッフ全員の見解は一致していた。だからこのミーティングは、机の上でわれわれの商品をどうやって改善するかについて話し合うものではなかった。チームをどう改善するかについてシンクタンクでどんなに時間をかけたところで、それは時間の無駄というものだ。そのためにこの基本ルールがあったのだ。われわれの商品が、われわれを救うことはない。これは、与えられた商品をいかに巧みにマーケティングするかというミーティングだった。欠点や弱点は変えられないが、それをマーケティングで強調する必要もないのだ。

これはそれほど珍しいことではない。ほとんどのマーケティング担当者は、自分たちの商品が劇的な改良を経て何もしなくても売れるようになる、といったことは期待できない。ネッツの状況は、与えられた商品がいかにひどいものでもマーケティングをするということである。

(2)成功が見込めそうなマーケティングの分野を限定する

ご記憶と思うが、われわれのマーケティングはネッツという商品によって限定されていた。だから、われわれは成功の見込みがいちばん高い分野で集中的にマーケティングしたいと思った。

われわれは最もビッグなゲーム、つまり、オーランド・マジック、シカゴ・ブルズ、そしてニューヨーク・ニックスが相手のゲームのチケットなら売れそうだと思った。われわれはシンクタンクのエネルギーのすべてを、成功が望めそうな最もビッグなゲームでの戦略をつくりだすことに費やした。その代わり、成功がほとんど望めない分野、つまり、スケジュールにあるそのほかのゲームには時間を使わないようにした。

(3)成功が見込める限定された分野での戦略をつくりだす

われわれは、こうしたビッグなゲームをパッケージにまとめることによって、さらに完売を増やすことができると考えた。プロ・スポーツのチームにとって、完売はそれ自体が最高のマーケティング・ツールの一つなのだ。ファンは、どのゲームでも十分席があるとわかっていたら、チケットの購入を先延ばしにして、結局は一枚も買わないかもしれない。だが、いちばんいいゲームが売り切れるとわかったら、何カ月も前にチケット・パッケージを購入するだろう。

われわれの七ゲームセットのチケット・パッケージはアリーナの完売にとって不可欠だった。こうした完売はわれわれに勢いと自信を与え、さらに多くの完売を生み出した。下のグラフは完売の実績とその時点での将来の見込みを表わしたものである。

(4)商品に対する新規の注文をとる

この場合、われわれの商品はチケットだった。**あなたは、バス**

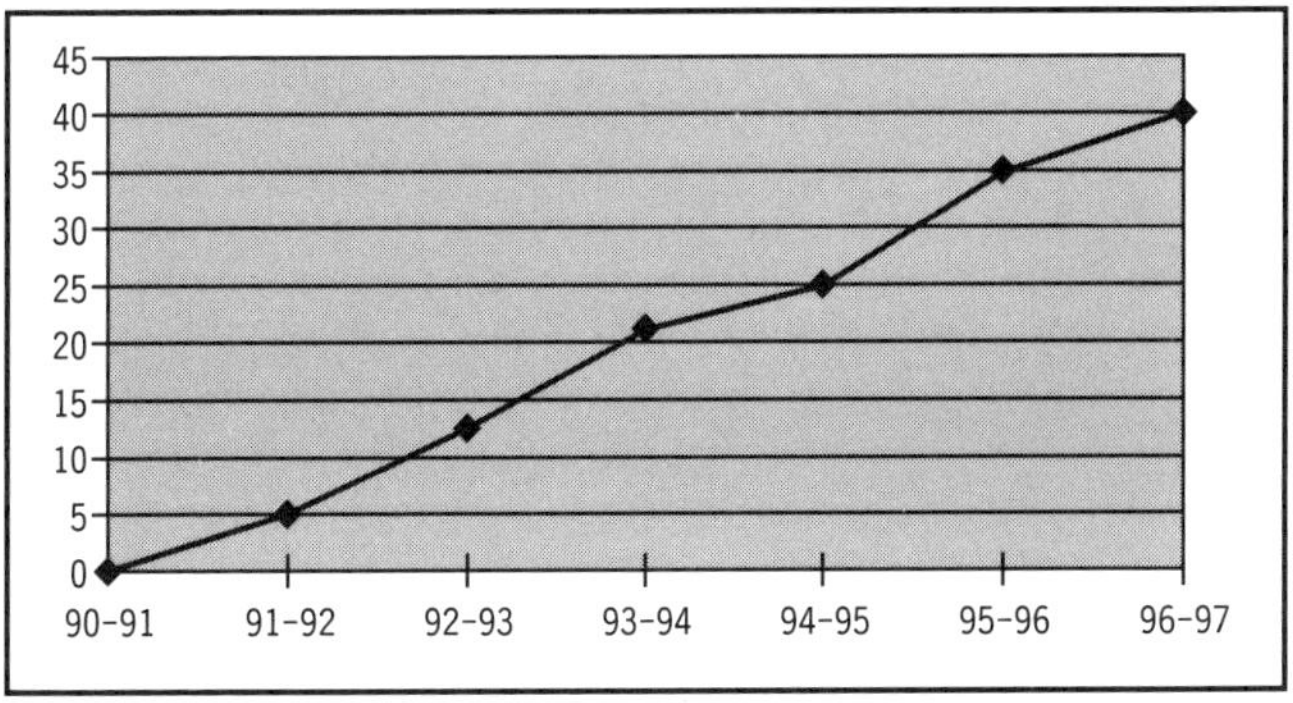

ケットボールの試合のチケットは、バスケットボールの試合のチケットでしかないと思うかもしれない。その考え方はあまりに狭すぎる。こうしたタイプの思考では、アーム・アンド・ハマー・ベーキングソーダを冷蔵庫の脱臭剤として売り込むといった発想は、決して出てこなかったに違いない。

われわれは、特に巨大企業から新規のチケットの注文をとりたいと思った。われわれは、企業へのシーズンチケットの売り込みではまずまずの成果を上げていた。しかし、こうした企業のほとんどは中小企業だった。その理由は、われわれのセールススタッフが社長と会う約束がとれるのが、その規模の会社だったからだ。もっと大きな会社になると、そしてニュージャージー北部にはフォーチュン五〇〇社に入る企業も多いが、その社長と約束をとりつけるのがずっと難しくなるのだ。たとえ約束がとれたとしても、われわれのセールス・トークは、何千人もの従業員をかかえ、世界規模のセールスを行い、副社長がわんさといるような巨大企業には実のところ合わない。明らかに、われわれにはただのシーズンチケット以上の「ビッグな商品」が必要だった。

ビッグな商品？　ここでわれわれはイノヴェーションを行う必要があった。われわれはシーズンチケット以上のものをこうした巨大企業に売り込むことが必要だった。こうした巨大企業に手伝ってもらって、もっと多くのゲームを完売する必要があった。

四つの基本ルールを使って、われわれはこうした巨大企業をターゲットにした新しい商品のアイディアを考え出した。新商品には、もっと多くのシーズンチケットを買うことで地元のプロ・チームをサポートしてほしいと訴えるだけではない何かが必要だった。

そこで、われわれはトム・ピーターズ、ハーヴェイ・マッケイ、ルー・ホルツをゲスト講演者に迎えることにした。

この新しいチケット商品は、基本的に三ゲームをセットにしたシーズンチケットだった。この三ゲームではそれぞれ、試合前に意欲をわかせるような講演が行われた。知名度の高いこの講演者が午後五時半から小一時間話をした。観客はそれからプレー開始までのおよそ一時間の間に何か飲んだり食べたりできた。試合前の講演を聞いても割増料金はいらなかった。

この講演者たちの講演料はもちろん安くはなかった。ちょっと数字を見てみよう。講演者一人当たりの講演料の平均はおよそ四万ドルだった。また、一階席のチケット料金は一枚五四ドル五〇セントだった。そこで収支をとんとんにするためには、三ゲームそれぞれで七三三枚のチケットを売る必要があった。

しかし、とんとんにするのがわれわれの目標ではない。われわれはこれらのゲームの入場者数を大幅に伸ばして、その過程でさらに三回完売を達成したかったのだ。

若いセールススタッフの一人を連れて、私はこうした巨大企業の社長に会いに行った。その巨大企業の社長が、ネッツがいかに情けないチームかを大げさに話すのを聞いてから、私は「そうですか。ではあなたをお助けできる方法について話をさせて下さい」と言い、三ゲームのシーズンチケット・パッケージの説明をした。

典型的な反応は、「このパッケージはいくつ買えるのかね」というものだった。これは驚きだった。ネッツでは、こんな質問は聞いたためしがなかったからだ。

私の返事はこうだ。「どれくらいお買いになりたいですか」

「七五〇セットではどうかな」

計算をしてみると、パッケージは一セット一六三ドル五〇セントだから、この売上げの合計は、一二万二六二五ドルになった！　セールスはそこで終わったわけではなかった。ほとんどその場の思いつきで私はこう言った。

「ところで、ネッツのシーズンチケットはお持ちではないようですね。八セットほどいかがでしょう。たった一万六〇〇〇ドルでお買いになれます」

「ああ、いいだろう」セールス完了。

われわれは大企業を求めてニュージャージー北部をくまなく回った。ある企業には二〇〇〇人以上の従業員がいたが、それまで名前も聞いたことがなかった。それは、ニュージャージー州エリザベスの石油精製所で、七万ドル分のチケットを買ってくれた。

最初の週に、われわれは三人のゲスト講演者への支払いを済ませた。その後は、さらに三回の完売へ向けて道を切り開いていった。この完売にはうまみがあった。というのは、それらのゲームではNBAでもいちばん魅力に欠ける相手、エクスパンション・チーム（訳注＝リーグ拡大に伴ってつくられた新チーム）とミネソタ・ティンバーウルブズと対戦したからだ。われわれもついにティンバーウルブズ対ネッツ戦を完売するようになったのだ！

講演者の有無とゲームの売上げ	講演者を使う前	講演者を使った企画
一試合当たりのチケット売上げ	三〇万ドル	六〇万ドル
三試合のチケット売上げ	九〇万ドル	一八〇万ドル
完売の可能性	冗談でしょう？	あり

われわれの商品でイノヴェーションがどのように働いたか簡単に見てみよう。

同じ商品、同じエリアでの販売

われわれはマイケル・ジョーダンもシャックもチームに加えなかった。ファンが嫌悪さえ抱くようになった同じ顔ぶれの選手だった。また、メドウランド・アリーナはもとのままだった。今までどおり二万席だ。

パッケージの仕方が違う

違っていたのは、パッケージをより魅力あるものへと大きく変えた点だった。ゲームの人気を高めるために、三人のすばらしい講演者を加えた。パッケージ化することで、われわれは「三ゲームのシーズンチケット」を売っていた。大企業がパッケージを七五〇セット買うと、実際には二二五〇枚のチケットを買ったことになる。これは、四一ゲームのシーズンチケット五五枚とほぼ同じなのだ！

この三人の講演者はよく知られた人たちで、意欲的な話をしてくれたので、われわれの商品がそれほどいいものではないという事実を目立たなくするのに役立った。また、対戦相手もそれほど魅力的なチームではないという事実をも目立たなくしてくれた。

これは当時のわれわれには効果があった。というのは、スケジュールの半分以上は、スター・プレーヤーがいる最高の対戦相手を目玉にした別のチケット・パッケージで完売していたからだ。もしアリーナをそれほどたびたび完売していなかったならば、講演者がこのひどいゲームにこれほど大きな影響を与えたかどうかは疑問だ。

すべてが以前と同じだったが、ただ一つ、革新的な三ゲームのシーズンチケットをつけ加えたところが違っていた。この三ゲームのシーズンチケットによって売上げが伸びたことに加えて、われわれは初めてその地域の大企業との関係を築き始めた。

一カ月後、私はスポンサーシップ担当者たちとシンクタンク・セッションを行ったが、そのときも同じ基本ルールを使った。

Ⅰ．自社の商品が、われわれを救うことはない。
Ⅱ．成功が見込めそうなマーケティングの分野を限定する。
Ⅲ．成功が見込める限定された分野での戦略をつくりだす。
Ⅳ．商品に対する新規の注文をとる。

スタッフたちは、五〇のアイディアを準備するという思考のプロセスを経験することを自らに課した。しかも一定の基本ルールがあったおかげで、簡単な質問から画期的なアイディアが生まれたのだ。それがチーム・ベンチの後ろの看板で、これは次のシーズンに一〇〇万ドルを超える利益をもたらした。

上役がイノヴェーションを望まない場合はどうしたらよいか。

あなたがビジネスに携わっているなら、イノヴェーションを望まない上役の犠牲になったことがある人もいるだろう。これは避けられない。その仕事を辞めて、イノヴェーションを奨励する上役を見つけようとしても、それは無駄というものだ。

イノヴェーションは、この本を手に取った人なら誰でも始めることができる。それはあなたのことだ。しかし、自分の部署で一人でイノヴェーションをしようとすると、自分の健康とキャリアを損なう恐れがある。だが、あるステップを踏めば、安全性が増し、あなたの影響力も強まるだろう。それには、**「テロリスト・グループ」**をつくることだ。

イノヴェーションのための「テロリスト・グループ」をつくるのは、実際にはそれほど難しくはない——あなたが作戦を考えていればだが。次章では、イノヴェーションのために、あなた自身の「テロリスト・グループ」をつくるための簡単で効果的な作戦を取り上げている。

イノヴェーションのための「テロリスト・グループ」を一度つくってしまったら、自分のシンクタンク・セッションを主催することもできる。こうしたシンクタンク・セッションは、勤務時間中に開く必要もなければ、リゾート地で開く必要もない。週末に誰かの家の地下室で開いてもいいのだ。大事なことは、何かをイノヴェーションし、それをイノヴェーションを望まない上役に売り込むために、そのメカニズムをすぐ使えるようにしておくことだ。

これはチャレンジとしては大きすぎるとお考えだろうか。そんなことは全くない。イノヴェーションを望まない上役を納得させるのは、やさしい仕事なのだ。実際、あなたがイノヴェーションを望まない上役に対してすることは、第7章で見るように全くフェアではない。必要なのはイノヴェーションなのだ。

だから、イノヴェーション、イノヴェーション、イノヴェーション、飽きたらさらにイノヴェーションせよ。

Test

❶マーケティング担当者は、シンクタンク・セッションでは、どの二つの分野でイノヴェーションができるか。
❷マーケティング担当者が参加する、シンクタンク・セッションのための四つの基本ルールとは何か。

答え

❶【ちょっとしたマーケティングでのイノヴェーション】

あなたに、自分の会社をジャンプ・スタートさせるような画期的な商品か、あるいはマーケティングの飛躍的な進歩だけでも手にしてほしいのはやまやまだが、ぜひ小さなイノヴェーションを捜してほしい。そして、自社の商品や会社をマーケティングするのに使える特性をもう一つ見つけてほしい。

【商品のイノヴェーション（会社がサービス業の場合）】

サービス業の新商品は、何十億ドルとか何百万ドル、いや何千ドルすらかからないのがふつうである。だから、この場合はマーケティング担当者が商品の開発でイノヴェーションを行うことができるのだ。ちょうどわれわれがチーム・ベンチの後ろの広告看板で行ったように。

❷この四つの基本ルールは、ものになりそうな思いつきにスタッフの注目を集めるうえで効果があるはずだ。

○自社の商品が、われわれを救うことはない。
○成功が見込めそうなマーケティングの分野を限定する。
○成功が見込める限定された分野での戦略をつくりだす。
○商品に対する新規の注文をとる。

第7章

「テロリスト・グループ」をつくり、状況を変える

Jump Start Marketing 7

自分のアイディアを上役に認めてもらうために
万全の準備をせよ

私がニュージャージー・ネッツにいた四年半の間に、私の〝最高裁判所〟、つまりニュージャージー・ネッツの七人のオーナーに承認されなかったアイディアが一つだけある。その唯一の例外が名前を「ネッツ」から「スワンプ・ドラゴンズ」に変えるというものだった。

それほど多くが承認されたのは偶然ではなかったし、容易なことでもなかった。ネッツには七人のオーナーがいたことを思い出していただきたい。オーナーの一人ひとりが大きな成功を収めた人物であり、物事をどうすべきかについては、それぞれが明確な意見を持っていた。われわれが奇跡とも思える高率の承認を得られたのは、定期的にイノヴェーションのための「テロリスト・グループ」をつくっていたからだ。

「テロリスト・グループ」の文化をつくる

もしあなたが会社の社長なら、大いにけっこうだ。自分の会社をジャンプ・スタートさせるためにイノヴェーションの新しい文化を育てていただきたい。社長でなくても、全くかまわない。自分が働いている会社をジャンプ・スタートさせるために新しい文化を育てていただきたい。しかし、これをするには、何らかの助けが必要かもしれない。つまり、イノヴェーションのための「テロリスト・グループ」が必要かもしれないのだ。

ここに挙げたステップは、どこでもイノヴェーションが始められるように、やや単純化したものである。

同志を起用する

私が一九七九年にポートランド・トレイルブレイザーズのマーケティング担当副社長として仕事を始めた頃は、スポーツビジネスの氷河時代だった。ファンがチケットを買うかどうかは、その人の気持ち次第だった。ゲームに行きたいと思えばチケットを買ったし、行きたくなければ買わなかった。

このころは何百万ドルという選手契約の時代の始まりでもあった。そのため、国中のスポーツチームのフロントオフィスが変わることになった。この新しい時代には、チームはもはやファンがチケットを買ったり、企業がスポンサーシップを買ってくれるのをただ待っているわけにはいかなくなった。チームはそのころ禁句と思われていたマーケティングを使わざるをえなくなったのだ。この新しい時代に、それは生き残るためのマーケティングとなったのだった。

一九七九年には、ブレイザーズのフロントオフィスには従業員が一一人しかいなかった。それは、経理担当が二人、受付が一人、選手人事担当者が一人、社長が一人、居候が一人、プロモーション責任者が一人、チケット売場に三人、そして私である。私以外の一〇人は、選手のリスト以外は絶対に何も変えないことに全面的に同意していた。社長はよく次のことを口にした。

「だめになっていなければ直すな」

私は、ある日オフィスへ来てみたら、この文句が青銅に刻まれて、会議室の壁に掲げられているんじゃないかと本気で思ったものだ。

私の考えは少し違っていた。**「だめになっていなくても、いま改善しておいた方がいい」**そうしないと、思ったより早く大きな修理が必要になることは目に見えている。文化の衝突とはこのことだ。

当時のブレイザーズの組織では、すぐに同志を見つけることはできなかった。私は自力でやっていくしかなかった。革新的な考え方を提案し、それらに生命を吹き込むために、かなりばかげた障害を飛び越えた。しかし、私はある非常に重要な点で有利な立場にあった。それは影響力だ。トレイルブレイザーズのオーナーが私にイノヴェーションすることを望んだのだ。彼は、時代は急速に変化しており、将来のプロ・スポーツ業界は過去とは大きく様変りするだろうということが予見できた。だから、このオーナーはロサンゼルスに住んでいて、私はポートランドのフロントオフィスで何度か地雷を踏みそうになったものの、彼が支持してくれているとわかっていた。

そうした影響力があっても、私はポートランドのフロントオフィスに同志を入れなければ成功はおぼつかなかっただろう。一人は長く勤めていた会社でいざこざがあって辞めようとしていた人だった。私は彼を自分のマーケティング・スタッフとして採用した。もう一人は若い女性で、未熟なマーケティング部門の秘書として雇ったのだった。それ以来、われわれは対抗力を持つことになった。

電気イスを免れるために、最高裁判所へ向かうくらいのつもりで準備せよ

部下がやって来て新しいアイディアについて「観測気球」を上げたいと望んだときによい反応を

示す上役は、私も含めてほんのわずかである。たいていは次のようなやりとりになる。

部下「あの、新しいアイディアがあるんですが、これについてはどう思われますか」（ここで、最近どこかで聞いたことがあるような新しいアイディアを、非常に大ざっぱに説明する）

上役（そのアイディアが大ざっぱなもので、十分に肉づけされていないため、上役は難なく、また直観的にその新しいアイディアの問題点を見抜く）「これについては検討してみたのかね」（その部下が提案したアイディアに対する反論を述べる）

部下「そうですね、はい、えー、そのー、つまりですね……それはうまくいくんじゃないかと……思うんですが……」

上役「もうけっこう」

確かに、このやりとりは単純化しすぎたかもしれない。上役の口から、「それはばかげたアイディアだ」とか「それではうまくいかんだろう」とか「だめになっていなければ直そうとするな」といった、もっと強い言葉を言わせることもできたのだ。こうした文句はどれもそのアイディアを無効にしてしまう。こうしたことを数回繰り返せば、部下はしまいにはメッセージを受け取るだろう。その部下がその後も会社にいるのであれば、部下の心には傷あとが残り、それがいつも新しいアイディアを提案するのは、自分にとって危険だということを思い出させることだろう。

これに対しては解毒剤がある。準備だ。それも本当の準備、つまり書面による準備だ。最高裁判所で自分を弁護するくらいのつもりの準備である。上役に自分のアイディアを認めてもらいたいのなら、準備をしなければならない。準備をしないということは、アイディアをそれほど認めてもらいたいと思っていないということだ。

書面による準備は、最高裁判所に対して準備するほど大量になってはいけない。ビジネスの場合、どれだけ大量に考えても、用意するのは六、七ページのエグゼクティヴ・サマリーがよい。内容は次のような構成にすること。

【前書き】会社の中で、新しいアイディアを実施したときに影響を受ける部門の現在の状態はどうか。これは、現状を冷静に、しかも正確に記述していなければならない。正確でないか、感情によってゆがめられていると、最初の前提が間違っていることになる。最初の前提が間違っていれば、結論も間違っていることになる。これはエグゼクティヴ・サマリーではきわめて重要な点だ。長さは一～三ページくらいがよい。

【コンセプト】アイディアがどんなものかを簡潔に説明する（もし前書きがこの目的を満たしているなら、一、二段落か、多くても一ページで十分だろう）。

【理由説明】会社は、なぜそのアイディアを取り入れるべきなのか。どういう点で会社の利益になるのか。売上げの増加だろうか。利益の増大だろうか。職場の改善だろうか。ここには予算面の検討を入れておくとよい。費用はどれくらいかかりそうか。そのアイディアが実施されて、お金が入ってくるまでの時間はどれくらいか。キャッシュフロー計算を行うこと。

【問題点】これはアイディアを売り込もうとするときに出くわすであろう反論である。こうした反論に正面から取り組むのを避けて、急いで通りすぎようとするのは考えがたりない。どのみち上役は考えることもせずに反論してくるのだ。上役が考える前に問題点について検討しておくこと。上役が考える前に、その反論についてよく考えておけば、こうした反論に打ち勝つ方法を準備していることになる。自分の〝最高裁判所〟の前でこうした反論にどう対処するかは、勝敗を決める要素なのだ。この項目は、必要なら数ページ使うこと。

【要約】ここでは承認を求め、さらに実施計画案を載せておく。一、二段落でよい。

このエグゼクティヴ・サマリーについて注意を一言。誇張した表現に気をつけること！　文章を初めから読み返して、形容詞、副詞、乱暴に断定した文がないか調べ、見つけたら削除するのだ。誇張しすぎた提案は不信感を招くからだ。誇張表現が使えるのはこの文書の中ではなく、次のステップに移ってからである。

自分の〝最高裁判所〟の前でプレゼンテーションをする

今では敵と真正面から顔を合わせる準備もできた。あなたが自らの弁護士として弁舌をふるうチャンスだ。

あなたがもし、イノヴェーションのための「テロリスト・グループ」をつくっているなら、その人たちを連れてくること。ただし彼らはそれぞれ与えられた役割が違うから、発言はキャプテンか、「順を追って説明する人」だけにすべきである。グループのほかのメンバーは黙って聞いていて、必要な時だけ「スポーツ解説者」のように付随情報を述べるようにする。

口頭でのプレゼンテーションの初めに、自分の〝最高裁判所〟に、すべては書面になっていることを告げ、準備した小冊子を示すこと。これは示すだけで渡してはいけない。〝最高裁判所〟にその小冊子を渡してしまったら、彼らはそれに飛びついてページをめくり出し、あなたがぼそぼそとしゃべっていることなど聞かないうちに、プレゼンテーションが終わってしまうからだ。

小冊子を示すだけにすることで、あなたはこのミーティングが、「相手がどう考えるか」を探るだけのものではないことを強調することになる。それは、あなたが本気だということを明らかにする。これは、あなたにとってよいお膳立てになる。

小冊子を示した後は、初心に返って前書きから話し始める。これは朗読ではなく、話しながらアイディアを提示するというやり方である。現状についての話が正確なら、次の段階である「コンセプト」へスムーズに進むことができるだろう。もし現状の判断が正確でないか、自分のコンセプトに合わせるために状況をねじまげたりするならば、ここで闘って負ける覚悟が必要だ。ここで負ければ、すべてを失うことになる。

口頭でのプレゼンテーションは、口で話すということ以外はエグゼクティヴ・サマリーと同じ順序で進める必要がある。

次の「コンセプト」を説明している間に、反論に出合うかもしれない。この段階では、たとえば次のように言って、自分のコンセプトの弁護を先に延ばすよう努めること。

「それに対するお答えは用意してありますが、まずこのアイディアの説明を終わらせて下さい」

数字の話になったら、自分の小冊子の中で数字を挙げてあるページを広げるとよい。一方の手でその小冊子を持ち、もう一方の手と指でその数字を指すようにする。その数字が妥当で、絵に描いたもちでなければ、この部分はプレゼンテーションの中でも比較的スムーズに運ぶはずだ。

話の最後は簡単だ。要約がすんだら小冊子を自分の〝最高裁判所〟へ提出し、いつスタートさせたいかという実施計画案を説明する。

どこで誇張するか

口頭でのプレゼンテーションの中なら、誇張した表現や感情を手段として使っても信用を失うことが少ない。ここでは私たちは口で話している。記録されることもないし、紙に書いた文書のように何回も吟味されることもない。

反対論者への対処法

私は世界でいちばんの反対論者と対決したことがある。この人たちはノーと言うキャリアを積んでいた。それでも、この章で述べたステップを使えば、私の打率はおよそ九割になる。一〇本打てば九本がヒットするのだ！　この高い打率は準備のおかげだと思っている。この世の中にはフェアでないことがいくつかあり、自分の〝最高裁判所〟に対する準備がすめば、口頭でのプレゼンテーションはいとも簡単ということもあった。それはコンテストですらなかった。しかし、「テロリスト・グループ」を集めるのは簡単ではなかった。皆が皆、〝最高裁判所〟の前に立ってグループの一員とみなされたいわけではない。また、文書の準備をするのも簡単ではなかった。しかし、いったん出来上がれば承認されるのは簡単だった。こうした勝利は人間というものの性質からきている。ご存じのように、〝最高裁判所〟というのは、ノーと言おうと準備万端整えているものだ。〝最高裁判所〟は容易に過去にさかのぼって反論を引き出してくる。ところが、〝最高裁判所〟はよく準備した「テロリスト・グループ」と対抗できるほどの用意はしていない。〝最高裁判所〟が予想される反論を持ち出したときは、「テロリスト・グループ」には考え抜かれた、決め手となる対応策が用意されているのだ。

私は自分のキャリアでは最近の〝最高裁判所〟へのプレゼンテーションを何度か経験してしまったので（いつも上役が何人かと、それから新しい上役が何人かいる）、提案全部を文書にしないこともある。提案にいたるまでのすべての仕事（「テロリスト・グループ」の起用から文書の準備まで）はすんでいる。すんでいないのは実際に書く作業だ。ただし、アイディアを実施したときの売上げ収益とコストの見積りのスプレッドシートと、キャッシュフローのスプレッドシートは別だ。こうした手っ取り早いやり方が可能なのは、あなたが〝最高裁判所〟について実際的な知識を本当に持っていて、しかも十分な準備ができているときに限られる。

〝最高裁判所〟からばかにされる

ときには、私は現在の〝最高裁判所〟がどう反応するか実際にわかっていると思うこともあるだろう。ときどきは、さらに手っ取り早い方法ですまそうとするかもしれない。提案を文書にしない代わりに、「テロリスト・グループ」も起用しないし、十分な準備もしない。「どうお考えですか」という態度に逆戻りというわけだ。〝最高裁判所〟はいつでも、昔のやり方に逆戻りして、そのアイディアの息の根を止めるまで酷評するのだ。それは見苦しく無慈悲な殺害行為だ。

〝最高裁判所〟がいったん「どうお考えですか」式のアイディアの息の根を止めてしまったら、それを生き返らせるのはまず不可能だ。私は長年の間にこの教訓を学んだような気がする。しかし私も、ときには時間を節約するために「観測気球」を浮かべてみることもあるだろうが、そのとき目にするのはミサイル発射台が開いてミサイルがその気球をこっぱみじんにする光景だけだろう。私は一体いつになったら教訓を学ぶのだろうか。

Test

❶次の文を完成させなさい。

「だめになっていない場合［　　　　　　　　　　］」

❷アイディアを経営陣に認めてもらうための簡単な三つのステップとは何か。

❸反対論者に対して決め手になるのは次のどれか。

◯「どうお考えですか」式のアイディア

◯誇張した表現

◯準備

答え

❶もしあなたが「直すな」と書いたならば、この先重大な問題を抱えることになる。現代では、ほとんどの製品はこわれない。しかし、こうした製品を改良しなければ、こわれるチャンスすらなくなるだろう。その理由は、競争相手がよりすぐれた改良品をつくりだし、顧客とマーケットのシェアを奪ってしまうからだ。

❷◯同志を起用する。

◯電気イスを免れるために、最高裁判所へ向かうくらいのつもりで準備する。

◯自分の〝最高裁判所〟の前でプレゼンテーションをする。

❸準備こそが、反対論者に対しての最強の武器になる。「どうお考えですか」と聞くだけなら、それはあなたにとっても、あなたのアイディアにとっても不公平だ。また、誇張した表現も、あなたとあなたのそのアイディアにとってはフェアではない。誇張した表現はたやすく論破することができるからだ。誇張表現が論破されれば、信頼性は失われ、そのアイディアも打ち砕かれる。

第8章

顧客が買いたがる商品だけ売る、少しだけ多く売る

Jump Start Marketing ⑧

「誠意ある販売」に努めよ

私がニュージャージー・ネッツにいたとき、われわれは単純なマーケティングのルールを採用した。それはわれわれが取り入れた唯一のマーケティングのルールだった。これは、チームの経営をジャンプ・スタートさせるための鍵でもあった。

【シンプルな黄金律①】顧客が買いたがる商品だけを売るように努めよ

【シンプルな黄金律②】顧客が買いたがるより少しだけ多く売るように努めよ

これを言い換えると次のようになる。

クレージーな売り込みはしない

これはほかの多くの会社の黄金律とは反対だ。たとえば、ある人がクルマの販売代理店へやって来て、いちばん安いクルマを探していると、ご承知のようにセールス担当者は、その人に二倍の値段のクルマを買わせようとかなり粘るだろう。

保険の場合はどうだろうか。コンピュータやテレビでは？　あるいはオフィスの備品では？　こうした商品を強引に売り込むことが彼らの黄金律のように見える。それが彼らのやり方なのだ。ネッツでは、強引な売り込みには焦点を当てなかった。

ファンに七ゲームセットのパッケージを買う余裕しかないなら、われわれはその人に四一ゲームのパッケージを買わせようとはしなかった。

彼らが何を望んでいるかを、そして確かにその余裕があると判断したうえで、われわれはそのファンにほんの少し数の多いチケット・パッケージを勧めてみた。それが三ゲームのパッケージの追加だ。

われわれはみすみすチャンスを見逃していたのだろうか。たぶんそうだろう。しかし、われわれは満足を売ってもいたのだ。もしファンに無理強いして売上げを増やしたなら（たとえば全試合のシーズンチケットを売ったとしても）、次のシーズンに更新してもらえる可能性はわずかになってしまうだろう。

妥当で控え目な売り込みをする

トヨタのセールス担当者が、三万五〇〇〇ドルのトヨタフォーランナーではなく、一万六〇〇〇ドルのターセルを勧めることを想像できるだろうか。もしセールスマネジャーがそのことを発見すれば、そのセールス担当者は間違いなくクビになるだろう。しかし、われわれのマーケティングの黄金律を思い返していただきたい。顧客が買いたがる商品だけを売るように努めよ。

買い手が本当にその三万五〇〇〇ドルのクルマを買う余裕がなかったとしたらどうだろうか。確かに、買い手はローンの審査にはパスするかもしれないが、毎月高すぎるクルマに小切手を切らなければならないという現実のおかげで、買い手はそのクルマが嫌になるかもしれない。

妥当で控え目な売り込みをするというわれわれのクレージーさにも、一定のやり方はあった。われわれは顧客を維持したいと思った。シーズンチケット保有者に、更新を勧める手紙の中でグレードを下げることもできると知らせたのは、プロ・スポーツチームではおそらくわれわれだけだろう。

理由は簡単だ。この世界では物事は変化するものだし、大口の顧客（全試合のシーズンチケット保有者）がチケットへの投資を少なくしなければならなくなることもありうるからだ。ほとんどのチームは、グレードを下げたいというシーズンチケット保有者を裏切り者とみなすはずだ。しかし、彼らがチームと関わるグレードを下げたいと望んだからといって、顧客を裏切り者扱いすれば、ふつうは顧客を全面的に失う結果になる。われわれは顧客を失いたくはなかった。もしシーズンチケット保有者が買うチケットを減らしたいと言えば、われわれはその人にちょうどいいチケット・パッケージをつくりだした。それは二一ゲームのパッケージだったかもしれない。小さめのチケット・パッケージから全試合のシーズンチケットに変えたいという人たちのグレードを上げるのと同じように、われわれはその顧客のチケットのグレードを下げるために、ファンと共にいい案を考えだそうとしたのである。

おとりやすり替えは使わない

もしある企業がスコアラーのテーブルの看板だけ買いたいと言うなら、われわれは彼らにラジオのスポンサーシップを売り込もうとはしなかった。しかし、あるスポンサーを相手にしていて、スコアラーのテーブルの看板とラジオを組み合わせたスポンサーシップの方がそのスポンサーにとって効果的だとわかることがあった。その場合はそれを提案した。

かなり基本的なことではないだろうか。われわれすべてが、顧客が望まないものを強引に売りつけようとする会社の犠牲になっていなければの話だが。

お客様には、この四〇〇ドルの一七インチのカラーテレビではなく、こちらの四〇インチ、二〇〇〇ドルのテレビの方が本当にご満足いただけることでしょう。お客様には、この一万七〇〇〇ドルのクルマではなく、こちらの四万ドルのクルマの方がもっとご満足いただけるはずです。

セールス担当者は、ときには顧客が本当は欲しがっていない商品を売りつけるのに成功することがある。そのとき何が起こっているのか。そのセールス担当者はより多くの手数料をもらい、セールス担当者の上司は喜ぶだろう。だが、その会社は将来の顧客を一人永久に失ったかもしれないのである。

誰も欲しがらない製品を売りつけるのはセールスではない

「うちは、セールススタッフが難しい製品を売り込んでくれます」と、飛行機で隣に乗り合わせたプラスチック成形会社の社長が私に言った。

「ということは、誰も欲しがっていない製品を売り込むということですか」

「そうです……もっとも、私はそういう言い方はしませんが。しかし、うちの最高の製品なら誰でも売れます。売るのがそれだけでよければ、セールススタッフはいらないんですがね」

「もしセールススタッフがほとんどの時間を使っておたくの最高の製品、つまり顧客がいちばん買いたがるような製品を売り込んだら何が起こりますか」と私は聞いた。

「うちではさばききれないでしょうね」と彼が言った。

私がとっさに思いついて彼に勧めたことはとても簡単だった。次の二つのうちの一つを実行するようにと彼に言ったのだ。

セールススタッフを解雇する

会社の最高の製品の注文をとるため、数人のセールス担当者を確保しておくこと。

顧客が欲しがる製品を売る

ジャンプ・スタートの黄金律が最初に私の中で芽生えたのは、大学にいたときだった。その小さな芽が出てきたきっかけは講義ではなく、たまたま知り合いになったフォードのディーラーだった。そのころはマスタングとファルコンの時代だった。この二つのクルマは私の心の中で常に結びついていた。マスタングは、当時最も人気があってよく売れているクルマだった。一方、ファルコンの方はひどい代物で、まさにいつトラブルが起きてもおかしくなかった。

そのディーラーは私に、マスタングなら手に入るものはすべて売ることができると言った。しかしフォードは、工場から彼に回すマスタング（最高の製品）の数を割り当てていた。その割り当ては、彼が売ったファルコン（最低の製品）の台数に基づいていたのだ。

「つまり君はフォードの最高の製品を一台手に入れて売るために、最低の製品を一〇台売らなければならないってわけかい」と私は世間知らずの若者のように尋ねた。

「そうなんです」と彼は言った。

「じゃあ、君はファルコンがひどい製品だということも、そしてマスタングを買って満足している顧客一人に対して、高圧的な売り込みでファルコンを無理やり買わされた一〇人の顧客が結局は失望を味わうこともわかっているんだね」

「そうです」

このマーケティング哲学なら、フォード自体にいつトラブルが起きてもおかしくはない。こうしてファルコンを買った人たちが三年して、あるいは、このクルマがひどい製品なので、おそらく三年もしないうちにもう一台買おうと思ったとき、彼らはほぼ間違いなくどこか別のところに目を向けるだろう。

その別のところが、たまたま日本だったのだ。アメリカの自動車メーカーが、日本車に大きく門戸を開いたのは、彼らがジャンプ・スタートの黄金律を破ったからである。確かに、短期的に見ればそれはうまくいった。ファルコンがよく売れたのは、販売代理店がマスタングを手に入れようと、そのひどいクルマを猛烈に売り込んだからだ。

フォードのディーラーが、もしマーケットが支えられる限界までマスタングを売ったならば、何が起こっただろうか、と私は尋ねた。

「お金持ちになっているでしょうね。ファルコンでしているように値引きして売る必要がなかったでしょうから。マスタングを買ったたくさんのお客様には本当に喜んでいただけたでしょう。うちのセールススタッフは私の銅像を建て、私を聖人だと思ったことでしょう」

自動車の生産ラインを変えるには、巨額の費用がかかる。しかし、フォードはマスタングをつくるためにシフトを増やすことはできたのではないか。組み立てラインをファルコンからマスタングに変えることはできたのではないか。確かにできたのだ。費用はかかったかもしれないが、次の表のようにフォードの利益はディーラーの利益に対応していたはずだ。

○ディーラー
「私はお金持ちになっているだろう」
「たくさんの顧客に喜んでもらえただろう」
「うちのセールススタッフは私の銅像を建て、私を聖人だと思うだろう」

○フォード
セールスと利益で記録を樹立していただろう。たくさんの顧客に喜んでもらえただろう。満足した客が多数に上ったため、日本車に対するアメリカのマーケットの門戸は非常に狭くなっていただろう。
ディーラーは、ヘンリー・フォードの銅像を建て、彼を聖人だと思うだろう。自動車会社とディーラーはふつう敵対関係にある。なぜなら、自動車会社はディーラーに、人々が買いたいとは思わない製品を無理に売らせようとするからだ。

フォードは、マスタング―ファルコンのマーケティング戦略から教訓を学んだ。フォードがトーラスをつくったとき、彼らは顧客が欲しがるだけトーラスを売るために、可能なことはすべて行い、不可能なことまでした。トーラスは結局、五年連続して最高の売上げ台数を記録した。ディーラーは、トーラス一台を売るために次世代のファルコンを一〇台売る必要はなかった。ディーラーが、アメリカで最も人気のあるクルマだけを売りたいと思えばそうすることができた。

ジャンプ・スタートの黄金律を使えば、次のようなすばらしい利益があるのだ。

売上げが増加する

自分のエネルギーのすべてを顧客が買いたいと思う製品に注ぎ込み、顧客が買いたいとは思わない製品にはほとんど労力を使わなければ、売上げは際立った増加を示す。

顧客が満足する

顧客は高いものを無理に多く買わされることがない。彼らは、ほんの少し多いかもしれないが、自分が欲しいものを手にすることになる。満足している顧客は、何よりも大事な顧客――繰り返し買ってくれる顧客になる可能性が非常に高いのだ。

誇りが意欲をわかせる

勤労意欲がこれまでになく高まるだろう。顧客が買いたいと思う製品に焦点を合わせることにより、各人はより自信を持ち、仕事に面白さを感じ、その過程でちょっとした誇りを抱くようになるだろう。何といっても、彼らはファルコンではなく自分の会社のマスタングを売っているのだから。

誇りがどれくらい重要だろうか。企業は毎年何千ドルもかけてオーディオテープやビデオテープ、本、講演、掲示といったものを使って従業員のやる気を起こさせようとしている。

しかし、最もやる気を起こさせるものは、成功なのだ。

もし一般の人たちが買いたいと思うような製品を売り、製造しているなら、その人たちは成功していると感じ、やる気も起こり、仕事に誇りを持つようになる。

人気商品を切らしたらどうするか

会社が、顧客が買いたいと思う商品を切らしたときはどうしたらよいだろうか。これはかなりのジレンマだから当事者になると大変だ。解決策としては、次の⑴、⑵のうちのどちらかを選べばよいが、それが無理なら⑶の妥協策をとることになる。

⑴最もよい解決策…顧客が買いたいと思う商品をもっと多くつくる

製造業なら、ふつうは人気のある商品を増産することは可能である。納入業者が部品を空輸したりすると、製造コストが少し高くなることもあるだろう。しかし顧客に満足してもらえれば、余分の製造コストをかける価値はある。

場合によっては、人気のある商品をそれ以上用意することが不可能なこともある。コンサートチケットが売り切れになれば、それは売り切れだ。ネッツの試合が完売になれば、あくまでも完売ということだ。それ以上の人たちをアリーナに詰め込むわけにはいかない。私がポートランド・トレイルブレイザーズにいたとき、われわれはその問題を解決した。

私がブレイザーズにいた一一年の間、われわれは毎試合アリーナを完売した。毎試合完売はしたが、あるゲームはほかのゲームより人気があり、チケットを欲しがる人が多かった。しかしそうしたビッグ・ゲームのためにアリーナを広げるわけにもいかない。その代わり、われわれは、ケーブル・テレビのペイパーヴュー方式（訳注＝視聴番組の本数や時間で料金を決める有料テレビの方式）を利用して、「追加チケット」を売ったのだ。何回かのゲームでは、ペイパーヴューからの収入が入場料収入を上回った。こうして、われわれは顧客が買いたいと思う商品をさらに用意することができたのだ。

このコンセプトをほかのゲーム（完売してはいるが、需要がそれほど多くないゲーム）に広げようとしたときは、無残に失敗した。こうしたケースでは、ペイパーヴューからの収入が少なくて製作費をカバーできないことが何回かあった。

(2)次善の解決策…順番待ちのリストを作る

顧客が欲しがっている商品をそこそこの期間内に追加生産できるなら、順番待ちのリストを作って、買い手からの金銭的な約束をとりつけておくとよい。

そこそこの期間内に追加生産できない場合でも、順番待ちのリストを作ることはできる。しかし、順番待ちのリストに載っている時間が長くなればなるほど、その人が結局買わないことが多くなるのは確かだ。通例、その人が順番待ちしている間に代わりのものが現れて、その人はどこかよそで買ってしまうからだ。

(3)妥協策…二番目によい商品の販売に努める

最高の商品に類似した二番目によい商品があれば、顧客に受け入れられることもあるかもしれない。しかし、多くの場合、そうはならない。顧客の頭にあるのは特定の商品だから、ふつうは二番目のものでは気に入らないはずだ。その場合、顧客は競合他社に期待することになるだろう。

成功が成功を生み出す

ネッツでは、われわれはすべてのエネルギーをゲームを完売することに費やした。まず、人々が最も見に行きたがりそうなゲーム、つまり対戦チームにスタープレーヤーがいるゲームから始めた。これは簡単だと思うかもしれないが、そうではなかった。われわれが物的資源とマンパワーのすべてをこの最高のゲームの完売のために使っていなければ、うまくはいかなかったと思う。完売を実現させていく過程で不思議なことが起こった。観客が、思ってもみなかったほかのゲームのチケットを買うようになったのだ。

ゲームが完売しているという認識がニュージャージーに広まりだすと、ファンがほかのゲームも観戦することが社会的に受け入れられるようになった。いまではネッツのゲームに来ているのを見られても、きまりが悪いということはなくなった。ファンはゲームを見に行ったときにグルーチョ・マルクス（訳注＝アメリカの喜劇俳優）の仮面をつけようとは思わなくなった。ゲームの完売に成功したことが、さらに多くの観客がほかのゲームに来るような状況をつくりだし、それを支えていたわけだ。

黄金律？　スタッフたちはそれをタトゥーとして胸に入れていたわけではない。それは彼らの人格の一部、存在そのものの一部になっただけである。われわれがリーグの会議へ行くとき、ネッツのスタッフはもう後ろのドアからこっそり入ってくる必要はなくなった。前のドアからさっそうと入ってくるときにも、どこか誇らしさが感じられた。

Test

❶黄金律は二つの部分から成っている。それは何か。

❷黄金律を使うと、重要なことが少なくとも三つ起こる。それは何か。

❸会社が、顧客が買いたいと思う商品を切らしたとき、いちばんよい選択は何か。

答え

❶マーケティングの黄金律は、「顧客が買いたがる商品だけを売るように努めよ」である。

黄金律の二番目は「顧客が買いたがるより少しだけ多く売るように努めよ」だ。

❷○売上げが増大する。

○顧客が満足する。

○従業員が誇りをもって行動するようになる。

❸何とかしてその商品をもっと多くつくるようにすることだ。ビジネスで最も創造的な行為を二つ挙げるとすれば、それはすでに成功した商品をいかに維持するかということと、それをどうやってより多くつくりだすかということである。もしあなたの会社が、幸運にも顧客が買いたがる商品を持っていて、それが売り切れているとしたら、創造性を発揮すること。どうやったらその商品をもっとつくれるか考えてみるとよい。

第9章

エド・ゲルスソープのルール

Jump Start Marketing ⑨

顧客がいるところへ行き、
その場の雰囲気を「感じ」とれ

もしあなたがゼネラルモーターズの上位のエグゼクティヴなら、運転手つきのクルマで会社へ送られて一日が始まることだろう。それからあなたは、会長や社長のオフィスがある一四階のフロアで朝食をとる。たとえばひどく寒い一月、あなたが朝食にイチゴが欲しいと思ったら、問題なくイチゴが鉢に盛られて目の前に出てくるだろう。

おそらく、見せびらかすといったつもりはないのだろうが、ジャンプ・スタートが必要な会社の多くのエグゼクティヴは、これに似たぜいたくなやり方で一日を始める。運転手に送ってもらわずに自分で運転するエグゼクティヴも、いるかもしれない。しかし、駐車場には優先区画が別に用意されていることだろう。

どうしてクルマでなくバスを使わないのだろうか。

私が知っているフォーチュン一〇〇社のある社長はバスを使っていた。それも毎日。彼はエド・ゲルスソープといって、一九七〇年代の半ばにジレット社の社長だった。ジレット社では、社長には運転手つきのクルマが特典として与えられることになっていた。それでも彼はバスを使った。

「どうしてですか」と私は彼に尋ねた。

「わが社は、脱臭剤やシャンプー、かみそりの刃、ペンなどをつくっている会社です。こうした商品は誰もが買うものです。私は一日中、何十万ドルもの利益を上げるエグゼクティヴに囲まれ、仕事の行き帰りも運転手が送ってくれます。私はエグゼクティヴではなく、一般大衆の近くにいる必要があるのです。そうは言っても、私は別にバスの中でこの人たちと脱臭剤やかみそりやシャンプーについて議論しようというのではありません。ただ、一般の人たち、つまりわが社の顧客を観察できる唯一の手段としてそれが必要なのです。**私は一般の人たち、つまり顧客の話に耳を傾けます。私には人々が歩くところを、人々が疲れているところを見ることが必要なのです**」

安い二階席の最前列に座る

プロのスポーツチームのオーナーやエグゼクティヴになってしまうと、競技場の中でいちばんいい席に座る権利を得たことになる。それはぜいたくなボックス席かもしれないし、特等席かもしれない。あるいは最前列かもしれない。私が知っているプロのスポーツチームのエグゼクティヴとオーナーたちは皆、そうした上等の席に座る。しかし、私はプロ・スポーツチームのエグゼクティヴだった二〇年の間、自分で「エド・ゲルスソープのルール」と名づけたルールに従った。その結果、私はバスを使った。また座るのは確かに最前列だったが、安い席として知られている二階席の最前列だった。

安い席からゲームを観ることには、大きな利点が一つあった。それは、ファンの反応を知ることができたことだ。これはきわめて重要なことだった。

二階席で耳を傾け、高いところから観察していると、ファンたちは私に自分たちが何が好きで何が好きでないかを教えてくれた。私がニュージャージー・ネッツの社長だったときは、ファンはこのチームが特に好きというわけではなかったが、それはチームのプレーの仕方を見れば予想できることだった。私が耳にし、目にしたかったのは、こうしたチームにもかかわらず、彼らがその夜をどれくらい楽しんだかということだった。

国歌斉唱の間、ムードを盛り上げるために使った屋内の花火にはどんな反応があったか。ファンはタイムアウトの間に出てくるおどけたピエロが気に入ったか。安い席に座ることで、ファンたちに相撲のレスラーが大いに受けていることもわかった。これは二人の学生アルバイトが、力士に似せて詰めものをした大きな着ぐるみを着込んだものだ。二人は床の上で闘い、互いにぶつかり合ったり、なぐり倒したりする。聞いただけでもばかげているし、確かにそうなのだが、ファンにとっても私にも実に面白かった。残念ながら、ネッツの試合ぶりから判断すると、その夜のハイライトは、その相撲だったようだ。

上等の席に座ると、ファンがどう「感じ」ているかをつかむのは難しくなる。この「感じ」をつかむのに、アリーナで最も適していない場所はオーナー専用のボックス席だ。私も時折、このボックス席に座ったことがあった。すばらしい席だった。ホットドッグとコークが欲しければ、ちょっといすを離れて二、三歩歩けばビュッフェのテーブルがあり、自由に食べることができる。ボックス席には快適な設備はすべて整っているのだが、同時に繭《まゆ》の中でゲームを見ているような「感じ」がした。ボックス席には大きなガラス窓があって、そのうちの二枚が開くようになっていた。それでも観客の声はあまり聞こえなかった。さらに悪いことに、ファンが経験していることがこの繭の中では経験できなかった。バスケットボールのゲームの最中に大きな契約を結びたいというのなら、ボックス席はぴったりの環境だろう。しかし、ゲームに伴うさまざまな出来事がファンにどう受けたのかを知りたければ、ボックス席にいて判断するのは非常に難しい。チームや会社をジャンプ・

スタートさせたければ、それは難しいどころか不可能になる。

例を挙げてみよう。

○高級レストランだけで食事をしていて、ファーストフードのフランチャイズをジャンプ・スタートさせられるか――確かに、セールスの数字を検討することはできるだろうが、「感じ」をつかむことができるだろうか。フォーカスグループを観察したり、マンハッタンの電話帳ほどもある調査資料を集めることはできるだろう。しかし、顧客が新発売のサンドイッチにどんな反応を示したかという感触がわかるだろうか。もちろん、わからない。

○毎月のクルマのローンを払う必要が全くないか、会社のクルマを持っていて、走行距離が八〇〇〇キロを超えるたびに新車に替えてもらえるとしたら、販売代理店のグループをジャンプ・スタートさせられるか――数字を見れば、クルマが何台売れたかはわかるだろう。どのセールス担当者が仲間でいちばんの成績を上げているかもわかるだろう。しかし、顧客が「感じ」ていることがわかるだろうか。もちろん、わからない。

○いつもガソリンを満タンにしておいてくれるアシスタントがいて、自分で買うことのない人が、ガソリンスタンドのグループをジャンプ・スタートさせられるか――もし、クルマの整備やオイル交換の手配をしたことが全くないとしたら。確かに数字を調べることはできるだろう。それぞれのガソリンスタンドで何リットルのガソリンが売れたかも、何台整備したかもわかるだろう。しかし、顧客が何を「感じ」ているかが感覚としてつかめるだろうか。もちろん、つかめない。

○店内のフロアを歩いたことがなく、自分のオフィスに閉じこもってばかりいる人が、小売店をジャンプ・スタートさせられるか――顧客の大部分の人たちが何を「感じ」ているかわかるだろうか。もちろん、わからない。

定期的に店のフロアを歩く

私がネッツの社長をしていたとき、年商およそ三〇億ドルのチェーン店の取締役会に出るよう頼まれた。そのチェーン店の社長が私を「起用」し、そこの会長が私を昼食に連れ出して口説いたのだ。

確かに私は、取締役会に出席するのを名誉には思ったものの、その規模の大きさに少々おじけづいていた。プロ・スポーツの一チームの収入は全部合わせても五〇〇〇万ドルの範囲に収まり、このチェーンのように三〇億ドルにはならないからだ。私は昼食をとりながら、その会長に尋ねた。

「一体どうして、私がおたくの取締役会に必要なんですか。ネッツはおたくの納入業者の大多数よりも小さいんです。私は小売店とのお付き合いもありませんし……」

会長の答えは早かった。

「うちの取締役会はほとんどが財務家タイプです。われわれはマーケティングが必要なのです。それにあなたは典型的な小売業を経験しておられない。われわれは《箱》の外で考えてマーケティングする人が欲しいのですが、あなたはまさに《箱》の外で考える方なのです」

取締役会に出ることは楽しかった。しかし、一年半後に取締役会を辞任した。私はネッツを去ってオレゴン州ポートランドへ戻ろうとしていたのだ。もちろん、それでも年四回の会議に参加することはできただろう。大量の財務データが送られてきたはずだったから。しかし、このチェーン店は東海岸にあるから、定期的に店のフロアを歩いたり、そこで物を買うことができなくなった。取締役会に出ていた間、私は少なくとも週に三回はその店の、そして競争相手のフロアを歩いた。典型的な小売業の経験がないので、私には小売業の感触をつかむことが必要だった。**そのために私が知っている唯一の方法は、顧客がいるところへ行くことだった。彼らの話に耳を傾け、その場の雰囲気を「感じ」ることだった。**

ジャンプ・スタート・マーケティングはジャズだ

ジャンプ・スタート・マーケティングは科学ではない。思うにそれは芸術だ。それもシンフォニーではなくてジャズだ。シンフォニーでは、オーケストラの全員が注意深く丹念に自分の楽器の音符に従う。ジャズでは、方向があり、ルールもあるとは思うが、その多くはフィーリングだ。ジャズは即興演奏だから、すべての音を紙の上にとらえることはできない。同じことがジャンプ・スタート・マーケティングにも当てはまる。そしてフィーリングの源は、浮き世離れしていては絶対見つけることができない。

浮き世離れした生活から抜け出すには努力が必要になるだろう。あなたが会社でいったん高い地位に就いてしまうと、残りの従業員たちは、ほとんど直観的にあなたを浮き世離れした場所へ塗り込めようとする。ここに挙げたのは、自分が浮き世離れした場所に閉じ込められないように私が長年実行してきたことである。

(1)自分の電話には自分で出る

私は、エグゼクティヴつきの秘書やアシスタントに自分の電話のふるい分けをさせることはしなかった。電話の応対に関して、私は簡単なルールを一つだけ決めていた。私がオフィスにいて電話が鳴ったら自分で出る。オフィスにいないときに電話が鳴ったら、私の声で次のメッセージが流れる。

「いまは電話に出られませんが、あなたの名前と電話番号をおっしゃっていただければ、二四時間以内に折り返しご連絡をいたします」

私はこれを実行した。自分で電話に出たから、誰も私の電話をふるいにかけない。私は、私と話したいと思っている人なら誰とでも話をした。多くの場合、それはファンで、彼らは私が電話をとるとあっけにとられた。会話はこんな調子だった。

「はい、ジョン・スポールストラです」

沈黙。

「えーと……ジョン・スポールストラさんとお話がしたいんですが……」と言って口ごもる。明らかに相手は秘書か何かが出てくると思っていたのだ。

「私がジョン・スポールストラですが……」
そのファンが何か苦情を言うつもりでかけてきた場合でも、私が電話をとったときに、その毒気はたちまち抜けてしまうものだ。それから、私たちはたいていとても建設的な会話をした。

(2)手ごわい苦情をすべて引き受ける

どんなビジネスでも、その顧客のおよそ三パーセントは、正直言ってありがたくない（従業員が非常に嫌がる）人たちのようである。私はこれを、「三パーセントのありがたくない要素」と呼んでいる。

このことは不愉快に思えるかもしれないが、**「三パーセントの人たち」は、実はマーケティング・ツールとして貴重な存在なのだ。彼らはあと先を考えない率直な話し方で、何が間違っていて、自分たちを喜ばすには何が必要かを教えてくれる。残りの九七パーセントの顧客はふつうそんなことは言ってくれない。この人たちは、何か不満があるとただ黙って顧客であることをやめてしまう。**

ポートランド・トレイルブレイザーズとその後のニュージャージー・ネッツで、私はスタッフに、もしこの三パーセントの連中が電話で乱暴な言葉を吐くようなら、その電話は私の方へ回すようにと指示した。私は自分がこのタイプのマーケティング・ツールを逃すことを許せなかったし、そのつもりもなかった。会話はこんな具合だった。

担当者　「三パーセントのお客様（担当者はもちろん顧客の本当の名前を使う）、私どもの社長とお話しになりますか」

客　「ああ、もちろんだ。君はぼくから逃げたいだけなんだろう。君んとこのお偉い社長がぼくの電話になど出るものか」

担当者　「いま、いるかどうか確認いたします。もしいれば、電話をお回しします。いなくても、社長のメッセージが流れて、二四時間以内に社長の方から折り返しお電話をいたします」

(私の電話が鳴る)

私　「ジョン・スポールストラです」

客　「えーと……あなたが社長さん？　その──……」

三パーセントの客の毒気は、たいていはこのときまでになくなっていた。攻撃の主力は担当者によって吸収されていたのだ。私が爆弾の破片を浴びることはめったになかった。私が受け取るのは、どうやったらわれわれがよくなるかという情報だった。

三パーセントの客と話すことは、浮き世離れした場所から出るためのショック療法のように見えるかもしれないが、彼らが与えてくれる情報は貴重だった。三パーセントのありがたくない要素に感謝！

⑶優先駐車場も特典もなし

ネッツでは、エグゼクティヴは給料が多いという以外、エグゼクティヴとしての特典は何もなかった。番号つきの駐車場所も何もない。私がゲームのチケットが欲しいと思ったら、社員特別割引はあったものの（ほかの社員と同じ割引率で）、個人として買わなければならなかった。エグゼクティヴは、自分に多くの特典を与えてしまうと、自らを浮き世離れした場所に塗り込めてしまうことになる。いろいろな特典を従業員の前でひけらかすことなく、ただ余計に給料をもらっているだけで十分なのではなかろうか。

⑷顧客にあえて近づく

個人的には、私はこれを「ゲームで仕事をする」と呼んでいた。マーケティングをする人間は皆、より重要な顧客についてはよく知っていると思う。私の場合は、名前も顔も知らない顧客のことを知りたいと思った。こうした何千何万というファンたちが、ゲームを見に来てくれるのだ。彼らすべてを個人的に知ることはできないが、彼らが、何が好きで何が好きでないかというイメージを心の中に描くことはできるはずだ。

このイメージを得るために、私は時折、試合前に案内人を買ってでて、入場口から入ってきたファンに無料の試合プログラムを手渡した。それによって何がわかったか。このダイレクトな体験で発見したのは、ファンはその一二ページの無料のプログラムをとても気に入ってくれたということだ。事実、ファンの半数は、ただの広告のチラシかもしれないものを渡されて私に礼を言った。私には、ファンがその無料のプログラムをもらって本当に喜んでいるのが「感じ」られた。この感触は、われわれがスポンサーにプログラムを売り込んでいたときのプロセスにも勝るだろう。

私はチケット売場でチケットも売ったし、ホットドッグの調理と販売もしたし、プログラムも手渡した。しばらくすると、名前も顔もわからない大勢の顧客の全体的なイメージが、非常にはっきりしてくるのだ。

(5)自社の商品を買う

スポーツでは、これはホットドッグの列に並ぶことを意味する。自分で買った安い席に座ったうえに、私はいつも場内売場で食べ物を買った。私はほかの人たちと同じように並んで待った。**私はファンが列に並ぶことでゲームをどれくらい見損なうものか知りたかったのだ。私はまた、ファンが飲食物を買うときにどんな扱いを受けるのかを知りたかったし、彼らが食べているものを食べてみたいと思った。**

あなたは自分の会社の商品を買っているだろうか。あなたがボーイング社で働いているなら、四〇〇〇万ドルの飛行機を買うのはちょっと高すぎて無理かもしれない。しかし、それ以外のほとんどの人は自社の商品を買えるはずだ。

確かに、その商品はただで、あるいは大幅な割引率で手に入るかもしれない。

しかし、もしあなたが会社あるいは部門をジャンプ・スタートさせたいと思うなら、身銭を切って自社の商品を買うことだ。自分がちゃんとした顧客になってみると、顧客のことがずっとよくわかるようになるだろう。その知識はキャリアの面で非常に大きな配当を払ってくれるから、ただでもらわなくても自分で楽に買えるはずだ。

⑹苦情を直接受ける

浮き世離れした場所にとどまるための確実な方法は、顧客の苦情を避けることだ。ネッツでは、「オーナーズマニュアル」という小冊子を作って、チケット・パッケージを買ってくれたファンのすべてに送っていた。この小冊子はたった八ページだが、ゲームを観戦する際に起こりそうな問題に対する解決策をまとめてあった。たとえば、チケットをなくしたり、駐車場でクルマが動かなくなったらどうしたらよいかといったことだ。

小冊子の最初の二ページは、私との一対一のコンタクトに当てていた。そのうちの一ページは私からファンに宛てた手紙で、ゲームの観戦について何か苦情があったら郵便かファックスで送っていただきたいと書いてあった。もう一ページの方はファンが私への手紙を書くときに用紙として使えるようになっていた。ファックスは、私専用のファックスに直接送られてきた。私はその全部に目を通した。問題や苦情を私が解決することはほとんどなく、それぞれの担当のスタッフにまかせた。われわれは、私への手紙のコピーを添えて、二四時間以内にファンに返事をする必要があった。もし二四時間以内に解決できなければ、ファンには改善の予定を知らせることになっていた。

一対一のコンタクトを利用したファンは、「三パーセントの客」とは違っていた。三パーセントの客は自分から電話をかけてきて苦情を言った。しかし一対一のコンタクトによって、ふつうのファンが私とコンタクトしやすくなった。彼らの情報はきわめて貴重だった。

それは顧客サービスを改善するうえで貴重だったばかりか、何よりも私を浮き世離れした場所から遠ざけてくれた。毎日、じかに苦情を読んでいれば、そうした浮き世離れした場所に隠れることは難しいのだ。

バスに乗る

私が初めてネッツのコンサルティングを始めたとき、アリーナの駐車場に関して何か問題が持ち上がったことはなかった。アリーナの収容人員は二万人だった。それに対して駐車場は約一万五〇〇〇台のクルマが置けるようになっていた。観客はたいてい六〇〇〇〜八〇〇〇人だったから、駐車スペースはいつも広々としていた。

ネッツの入場者が増加し始めると、駐車場に問題が出るようになった。定期的にアリーナを完売するようになると、大きな問題が起こった。つまり、ファンのうちの五〇〇〇人がジャイアンツ・スタジアムの方へ駐車しなければならなくなったのだ。そこから、彼らはかなりの距離を歩き、歩道橋を渡り、それからさらに少し歩いてやっとアリーナにたどり着いた。もし、あなたが二月の寒い夜にここを歩いたら、おそらくもう二度とこの道は歩くものかと思うことだろう。

われわれはクレージーなことをすることに決めた。バスを用意したのだ。

アリーナは駐車料金をとっていたにもかかわらず、その一部をバスに回す義務があるとは考えていなかった。アリーナ側はわれわれにこう言った。

「バスを用意したいのであれば、おたくの費用で用意して下さい。ファンは、ブルース・スプリングスティーンがメドウランド・アリーナで演奏するときには、ジャイアンツ・スタジアムに駐車してもうちに文句は言ってこないんですから」

われわれはニューヨーク・ジャイアンツでもスプリングスティーンでもないのだ！　彼らのファンなら地獄だって歩いてくるだろう。

われわれがバスを用意したとき、誰がそれに乗ったかおわかりだろうか。ネッツの業務執行副社長、ジム・ラムパリエロと私なのだ。

私たちはジャイアンツ・スタジアムに駐車し、バスに乗りこんだ。それがファンにとってどんなタイプの経験なのか知りたかったのだ。それは何と簡単なことだったろう。私たちはそれをさらに改善する方法について多くのアイディアを思いついた。しかし、私にとって本当に意味があったのは、浮き世離れした場所にいたら、バスには乗れなかったということである。

Test

❶あなたがどれくらい浮き世離れしているか、調べてみよう。

◯あなたは、進んで自分の電話に出ているか。

はい　　　いいえ

◯あなたは、怒った顧客からの電話に進んで出ているか。

はい　　　いいえ

◯あなたは、勤め先で優先駐車スペースを使わないか。

はい　　　いいえ

◯あなたは、名前も顔も知らない顧客に努力して近づこうとしているか。

はい　　　いいえ

◯あなたは、自社の製品を買っているか。

はい　　　いいえ

◯あなたは、バスに乗ったことがあるか。それはどこか。

はい　　　いいえ

答え

❶このちょっとしたテストを、私はマーケティングに携わっている数人の友人に、ビールを飲みながらやってもらったことがある。１人の友人がこう言った。

「これはちょっと現実とはかけ離れているんじゃない？　なぜって、われわれがそれを目指して働いてきた多くのものを君は手放した方がいいって言うんだからね」

「たとえば？」と私は聞いた。

「うーん、秘書はどうだい」

「ぼくは、秘書やアシスタントを使うなとは言ってないよ。ぼくだってずっと共有の秘書がいるんだ。ぼくはただ、君が自分の電話に出ているのか、それとも秘書により分けさせているのかを聞いたんだ」

「秘書が電話をより分けなければ、ぼくは何もできなくなるよ」と友人が言った。

「そうかい？」と私が言う。

「全く知らない人からどれくらいかかってくる？　相手がなかなかつかまらなくて無駄にする時間のことを考えてみてほしい。君の秘書が君の電話に出ることで無駄にしている時間はどうだろうか。まるで秘書にやらせる仕事があまりないみたいじゃないか」

これが私の信念なのだ。もしあなたが秘書かアシスタントに自分の電話のより分けをやらせているなら、２、３週間でいいから次のことを試してほしい。自分で電話に出るのだ。

そうすると、より多くの仕事が片づき、電話で話す時間が短くなることがわかるだろう。また、アシスタントの時間がたっぷりあくので、もっと仕事ができるようになるだろう。私がフルタイムの秘書を使ったことがないのはそのためだ。その人にやってもらう仕事が十分見つからないのだ！

「じゃあ、怒った顧客からの電話に出るというのは？」と別の友人が聞いた。

「そのために顧客サービス部があるんじゃないのか」

この質問に答えるのはなかなか難しい。確かに、怒った顧客と話すのが好きだなどという人間はいないだろう。しかし、私は次のように答えた。

「ぼくが思うに、君たちは、自分の商品やマーケティングのやり方を知りすぎているから、怒った顧客と話してそこから何か学ぼうとはしない。顧客サービス部になる必要はないが、試してみるといい。たまには怒った顧客と話してみるんだ。君たちのマーケティングの技術が違ってきたと感じると思うよ」

別の友人が言った。「うちの会社は、駐車スペースを割り当てているんだ」

「社員全員にかい？」と私が聞いた。

「いや、もちろん違うさ。エグゼクティヴだけだ」

「君は会社まで近い方だったよな」

「そうだ」

「もし君が割り当てられた場所に駐車しなかったら、何が起こる？　クビになるかい？」と私。

「もちろんそんなことはないさ」

「じゃあ、２週間ほど試してみたらどうだろう。歩くのも楽しいだろうし」

「君には確かにそれが必要だな」と別の友人が笑いながら言った。「ぼくは割り当て外の駐車スペースから歩いてくるときに、その日しなくちゃならないことを急いで検討することにしているんだ」

「とにかく試しにやってみたらどうだろう」と私は言った。「ちょっとした実験だと思って」

「わかった。やってみるよ」と友人は言った。「だけど、自社の商品を買うというのはジョークだな、ジョン。ぼくは自動車会社に勤めているんだ。だから、３カ月ごとに代わりのクルマがもらえるってわけさ。自分で買ってたら３万ドルもかかってしまうよ！」

「君の顧客はどれくらい支払うんだい？　３万ドル？　クルマを買って、月々のローンを払い、オイルを交換してもらって、フェンダーのへこみを修理に出すのがどんなことかわかるかい？」

「それだと費用がかかりすぎるな」と友人が言った。

「君の顧客ならそんなに費用はかからないのかい？」

そのテーブルにいた全員が、その友人は自分のクルマを買うべきだと言った。もちろん、その友人を除いた全員の勤め先は自動車会社ではなかった。だから、自分のクルマの支払いをし、修理代も出さなければならない。われわれは、おそらくクルマを所有し維持することにかけては、生活のためにクルマのマーケティングをしている友人より多くのことを知っていたはずだ。

「ところで、ジョン、君の最後の質問だが」と別の友人が言った。「ぼくはちゃんとバスに乗っているよ」

「君が？」と私は驚いて言った。

「うん、ぼくはハーツ・ゴールド・カードを持っているんだ。空港でハーツバスに乗ると、レンタカーのところまで届けてくれるってわけさ」

さて、あなたの答えはどうなっただろうか。以下に、「はい」と答えた数に応じたコメントをしておこう。

「はい」の数とコメント

6	あなたには浮き世離れの兆候はない。ジャンプ・スタート・マーケティングを実際にうまく働かせるためのモデル候補である。
4～5	やや浮き世離れの兆候があるかもしれない。しかし悪くはない。少しずつ現実に戻るようにすれば、浮き世離れした場所から抜けられるだろう。
2～3	あなたはどこを目指しているのだろう。浮き世離れした場所か、それともそこから抜け出すことだろうか。もし浮き世離れした場所を目指しているのなら、あなたのマーケティングの技術はうまく働かなくなるだろう。浮き世離れした場所はそれに値するだろうか。もしその答えがイエスなら、テストは落第だ。

1　あなたは相当浮き世離れしてしまっているので、あなたのマーケティングの技術はうまく働かないかもしれない。さあ、方向転換して、浮き世離れした場所から離れよう。そうだ、試してみるのだ……

0　あなたが携わっているのはマーケティングだろうか？　それとも財務だろうか？

第10章

一つだけのセグメントへのマーケティング

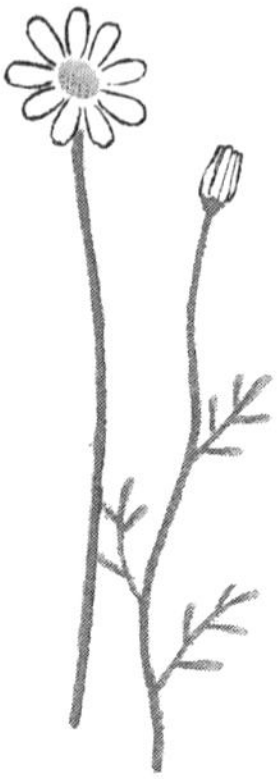

Jump Start Marketing ⑩

自社の商品に関心をもってくれる人だけを
ターゲットにせよ

私が日本の、あの個人所有の島にいたとき、ある朝早く私のスイートの電話が鳴った。急いで起き上がろうとしながら、その電話の主は日本側のホストの一人だろうと思った。だが、それはアメリカでも中心的な舞台芸術センターの所長からだった。彼は何らかの方法で私の行き先を突き止めたのだった。もしこの友人が舞台芸術の仕事を辞めて人探しの仕事を始めたら、身を隠そうとして逃げている人は気の毒なことだ。

私はもぐもぐ言いながらあいさつした。

「起こしてしまったかな」と彼が聞いた。

「いや、電話に出るんでどっちみち起きなきゃならなかったからね」

友人は、私の行き先を調べてそんなに朝早くかけてきたことをわびた。実際それは彼が考えていたよりも早い時間だったが、彼は急いで意見が聞きたかったのだ。その舞台芸術センターでは、マーケティング担当副社長を雇おうとしていた。彼は候補者を三人にしぼり込んでいた。

「君なら何を期待する?」と彼が尋ねた。

睡眠だ。それが、私が期待するものだった。私は言葉を切って、より礼儀にかなった、意味のある返答を考えた。

「一人、とても強い印象を与える人がいるんだ」と友人が言った。

「彼女は別の舞台芸術センターのために、実に美しいパンフレット類を準備した経験がある。私がこれまで見た中でも最高の出来なんだ」

私の頭は少しはっきりしてきた。

「ぼくは、それはあまり評価しないかもしれないな」と私は言った。「確かにそれは重要だよ。だが、もっと重要なことは、その人が、そのお金のかかるパンフレットを、適切な相手に手渡す方法を知っているかどうかなんだ」

彼は電話の向こうで黙っていた。

「ぼくなら、それぞれの候補者がデータベース・マーケティングをどの程度理解しているか、実際に詳しく聞いてみるね」と私は言った。

「というのは、舞台芸術センターのパンフレットはふつう実にお金がかかっているからね。おたくの顧客はたいていすごいお金持ちだ。パンフレットを一枚、芸術に関心のない人に送るとおよそ四ドルかかる。そのパンフレットを芸術に関心のない三万人に送ったら一二万ドルかかるわけだ。一つだけのセグメントに対してマーケティングする方法を知っている人を見つけることだね。そこでぼくだったら、候補者たちが自分で作ったパンフレットを見せたとき、一人ひとりに二つのことを聞くだろう」

「その二つのことっていうのは何だい？」と友人が尋ねた。

「四時間たってもう一度電話してくれたら教えてあげるよ」

一ドルに対し、何ドル得られたか

その朝遅く、二杯目のコーヒーを手に、私は二つの質問について説明した。

質問その一「比率はどれくらいか」

私が友人に助言したのは、美しいパンフレットを見てから、まず印刷した枚数と印刷のコストを聞くようにということだった。それから、「このパンフレットでどれだけの収入が得られたのか」と聞く。

もし候補者が答えられないか、答えがあいまいならば、友人は二番目の質問をする必要はない。ただその候補者に礼を言って、その人が出ていくときに何か礼儀にかなったことを言えばよい。

私が言った比率というのは簡単なことだ。それは、ある企画（この場合は、舞台芸術センターのためのパンフレット）に投入した一ドルに対して、そのパンフレットで直接得られた収入はどれくらいかということである。もしそれが数字で出ないとしたら、そもそもなぜパンフレットを作ったのだろうか。パンフレットを送る目的はセールスだと思う。セールスが目的なら、この比率はその効果をはかる最も正確で有効な方法なのだ。あなたはいくら使って、いくら受け取っただろうか。

答えはパーセンテージではなく、ドルである。

この種の数字は私には意味がある。私たちは意味のないパーセンテージではなく、ドル（支出に対するドルによる収入）のことを話しているのだ。

パンフレットの作品に何らかの関心を示した人々のセグメントにパンフレットを送ったとき、比率は三〇万ドルを三万五〇〇〇ドルで割った八・五七ドルのようになる。

この場合、そのパンフレットの印刷と発送にかかった費用一ドルに対して、会社は八・五七ドル受け取ったことになる。比率としては悪くない。

ときどき人から、「ネッツ・チケットカタログ」に対する反応は何パーセントかと聞かれたので、私はこう答えた。「それはわかりませんが、比率は一〇ドルでした」これはカタログの準備、印刷、発送にかかった費用一ドルに対して、一〇ドルが戻ってきたということだ。

反応のパーセントを計算しても意味がないことが多い。たとえば、商品の値段が安ければ、応答率は高くなる可能性がある。しかし、五〇セントの商品に対して一〇〇パーセントの反応があっても大損をするだけだろう。

その理由はこうだ。郵送物を準備し、印刷し、発送するのに七〇セントかかるとしよう。五〇セントの商品に対して、たとえ一〇〇パーセントの応答があったとしても、一つ注文を受けるたびに二〇セント損することになる。しかも、これには商品のコストは含まれていない。この比率はマイナス七一セントになる。その商品のマーケティングにかかった一ドルに対して、七一セントが戻ってくるということだ。五〇セントの収入を七〇セントのコストで割った比率は、マイナス七一セントだ。

反応のパーセンテージの割合は驚異的（一〇〇パーセント）だが、大量に発送すれば、たちまち破産してしまうだろう。

一方、応答率がひどく悪い場合はどうだろうか。たとえば、一パーセントの一パーセントとしよう。これは、〇・〇〇〇一パーセントになる。

売っているのが一〇〇万ドルの商品なら、このひどい応答率でもそう悪くはないかもしれない。

たとえば、一〇〇万人に送って〇・〇〇〇一パーセントなら一〇〇人が買ってくれることになる。比率を見てみよう。一億ドル（一〇〇人がそれぞれ一〇〇万ドル買う）を七〇万ドルのコストで割ると、比率は一四二・八五ドルだ。

もし舞台芸術センターの仕事の候補者が、この種の簡単な計算の仕方を知らなければ、その人をマーケティング担当副社長の候補にすべきではないと私は思った。そうしたタイプの人が仕事に就いたら、マーケティングの現場はおそらく何をやってもうまくいかないだろう。たぶんすべて理屈で考え抜かれてはいるのだろうが、何万ドルものお金が使われるだろう。舞台芸術センターのイメージは、りっぱな光沢紙に印刷された郵送物によって確かに高まるだろうが、比率を知らないと、お金を無駄に使いがちだ。そうすると、その会社自体がすぐにジャンプ・スタート・マーケティングの候補者になってしまうだろう。

質問その二「そのパンフレットを送るのに、どんなリストを使ったか」

私は友人に、これに対する答えは十分に注意して聞くようにと言った。

「その答えによって、その候補者が一つだけのセグメントへのマーケティングの方法を知っているかどうかがわかるんだ」と私は言った。

「それはどういう意味だい」と友人が尋ねた。

「もしパンフレットの送付に使ったリストが、何らかの形で舞台芸術への関心を示した人たちのリストなら、その候補者は一つだけのセグメントに対してマーケティングする方法を知っているということなんだ」

私は友人に、ネッツかNBAに関心のある七万五〇〇〇人の人たちのリストをどうやって集めたかを話した。この七万五〇〇〇人の名前はわれわれの一つだけのセグメントだった。

そのリストに共通する人口統計的要因は、年齢でも収入のレベルでもなかった。それは、この七万五〇〇〇人の人たちが何らかの形でネッツとNBAに関心を示してくれたということだった。だから、われわれはこれらの名前を入手したのだ。

一つだけのセグメントへのマーケティング？　これはどういうことだろうか。

われわれは人々を人口統計的なグループに分けるように教えられたのではなかったか。ニールセン視聴率は確かにそうしている。人々を一八歳から五四歳といった幅のある年齢層に分けているのだ。一八歳から五四歳？　なんてばかげているんだ。どこの一八歳の人間を実際に五四歳の人と同じグループに入れられるというのだろう。しかしわれわれは、マーケティングとはこういうものだと聞かされている。人々を共通のあるいは幾分共通する特徴にグループ分けし、それからその人たちに何かを売り込むのだ。

ここまででおわかりのように、私は最初に人々をただ一つのセグメントに分けるのが本当だと思っている。その一つのセグメントとは、自社の商品に関心があるとわかっている人たちである。

会社が人口統計表に基づいたリストを買うとき、その会社は、リストに載っている人たちがその会社の商品に関心があるかどうかを実際には知らないのだ。リストの人口統計的特徴が顧客の人口統計に近いと、会社は、こうした人たちは関心があるだろうと思うかもしれないが、それは商品を紹介してみなければわからない。彼らはそのリストが大きな利益を生むと考えているため、それを見つけようとしてお金を無駄に使うことになるかもしれないのだ。ここから導かれるのは、ただ一つのルールである。

テストにテストを重ね、さらにテストせよ

不動産の周旋《しゅうせん》をしていた私の友人は、カンフル策の一種を使っていた。これは、ほとんどばからしいと思えるような単純な方法だった。

その友人は、自分の友人と過去の顧客たちにカードを送った。しかも、友人はそのカードを自分で作ったのだ。この四色刷りのユーモラスなカードは友人たちに、彼がいつも紹介者（家を買うか売ることを考えている人たち）を探していることを思い出させた。このようにカードによって、ちょっと促すことで、山のような紹介者を生み出した。

これが効果的だったので、彼は、このカードはどの不動産仲介人にも効果があるのではないかと考えた。「国内のすべての不動産周旋人はこのカードを使うべきだ」とその友人は私に言った。私も同意見だった。

「このカードはとてもいいので、国内全部の不動産周旋人にパンフレットを送るつもりだ」と彼は言った。私は賛成しなかった。

私は彼にテストするよう勧めた。一〇〇〇人分の名前を買って試してみるのだ。

「しかし不動産周旋人は七〇万人もいるんだ。どうして一〇〇〇人でテストするのかね？」

彼はこのプロジェクトのためのお金集めに奔走した。国内のすべての不動産周旋人に出すだけの資金は作れなかったので、西部の一三州の不動産周旋人にパンフレットを送った。注文が来るには来たが、かかったコストをまかなえるほどではなかった。彼はもう少しでお金を無駄に使うところだった。

ほとんど忘れかけたある晩のこと、その友人が私の家にやってきた。彼のパンフレットを手伝って、二つのタイプのものを作った。一つのタイプは、返金可能条件が入った信じられないようなすばらしい保証がついていた。もう一方は、ふつうの保証がついていた。私は彼に、それぞれのタイプのものをテストのつもりで一〇〇〇人の不動産業者に送ってみるように勧めた。

「一〇〇〇人の不動産業者に送れば、成果があるかどうかと、残りの人たちにどうアプローチしたらいいかがわかるだろう」と私は言った。「一〇〇〇人の不動産業者に送るコストはたった五〇〇ドルだ。それならお金を無駄にすることはないからね」

大きな保証がついたタイプの方が大当たりをとった。それは、およそ七五〇〇ドルの売上げを生み出した。これは一五ドル対一ドルの比率だった。こうした見返りがあったので、彼はパンフレットを送り続けることができた。

新しい顧客を探すな

リストを使って、あなたの会社の商品に関心のある人たちの名前を見つけ出すのはコストがかかる。しかし、いったんその情報を手にすれば、それは一つだけのセグメントの基礎的なリストになる。その一つだけのセグメントの基礎的なリストがあれば、それをサブセグメントに分けることもできる。ニュージャージー・ネッツの場合、われわれは七万五〇〇〇人分のリストを作った。サブセグメントは、購入者と非購入者だった。購入者は、シーズンチケットやミニプランのチケット・パッケージ、グループチケット、単一のゲームのチケットなどを買った人たちのことだ。非購入者は、ネッツのコンテストに参加したり、ポケット・スケジュールが欲しいと電話してきた人や、選手にファンレターを書いてきた子どもたちなどのことだった。購入者と非購入者のサブセグメント全体に共通する点が一つあった。それは、彼らがネッツに関心を示したという点である。年齢や収入は、この二つのセグメントを識別する人口統計的要因ではなかった。われわれが興味を抱いた人口統計は、われわれの商品に対する彼らの関心のレベルだった。この関心のレベルは、彼らが購入したチケットの枚数によってはかることができるのだ。

友だちにどのように話しかけるか

あなたは、あなたの会社の商品が好きだということを何らかの形で明らかにした人とある共通点を持っている。その共通点とは、両方ともその商品が好きだということだ。友情を結ぶにはそれで十分だ。もしあなたが、本当にその顧客になりそうな人の友人なら、その人を友人のように扱い、友人として話しかけることだ。

それは、私がロサンゼルス・クリッパーズに勧めたことだった。私がニュージャージー・ネッツを辞めた後、クリッパーズがコンサルティングをしてくれないかと言ってきた。バスケットボール・コートでのクリッパーズのむなしい闘いぶりは、ネッツと似たりよったりだった。ビジネスの面では、入場料収入がNBAで最下位という以前のネッツの地位を代わりに占めていた。確かに、クリッパーズはネッツと同じくらいの年数、入場料収入が連続して最下位になる可能性があった。

最初に割り当てられた仕事の一つは、失ったファンを取り戻す手助けをすることだった。観客を増やそうとして、彼らはホームゲームのうちの八試合をアナハイムへ移して行った。アナハイムは、彼らの通常のホームアリーナであるスポーツ・アリーナから四〇キロほどしか離れていなかったが、ロサンゼルスのラッシュ時の交通によって、そこは事実上、別の時間帯になってしまう。アナハイムの人たちが、スポーツ・アリーナへ行こうと思うのは、ノースダコタ州へ行こうと思うのと同じくらいの回数でしかなかった。

アナハイムでのゲームは、最初の年は人気があった。実際に八試合全部を完売したのだ。ほとんどのファンは、シーズンチケット（通常の四一試合ではなく八試合のもの）を購入した。

これらの新しいファンに対してクリッパーズが与えたは第一印象は、必ずしもいいものではなかった。彼らは最初の七ゲームのうちの六ゲームを大差で負けた。アナハイムでやっと二回目の勝利を上げたが、それは最後のゲームだった。その結果、次のシーズンのゲームのために更新したのは三〇パーセントという驚くべき低さだった。

クリッパーズは、更新を勧めるプロセスで、勝ち続けているエキサイティングで新しいチームを大げさに宣伝するだけの、カラフルできれいなパンフレットを送っていた。美しいパンフレットを二、三回送った後で、私は友人にあてたような率直な感じの手紙にしてみてはどうかと勧めた。パンフレットも大げさな表現もやめて、感じのよい、親しみのこもった手紙を書くのだ。私が勧めた手紙は次のとおりだ。

カリフォルニア州タスティン
オレンジ・ストリート一二一
XYZ会社社長
元ファンのジョー様

親愛なるジョー

しくじった後で全力を尽くすとはまさにこのことです！

ご推察のように、私たちは昨年、ポンドでの最初の方のゲームであなたによい印象をもっていただきたかったのです。しかし、明らかにそれは無理でした。

去年の八ゲームのパッケージで、勝ったのは二ゲームだけでした。

さてジョー、今年のクリッパーズはより強く、よりエキサイティングなチームになりました。

そして、〈私はポンドでの私たちのゲームを楽しんでいただけることを保証します〉。これは口先だけの保証ではありません。私は自分で言ったことは実行するつもりです。

私たちは、あなたに本当に楽しんでいただけそうなポンドでの五ゲームのパッケージを用意しています。

もしこの五ゲームのパッケージの最初の試合が面白くなければ、残り四ゲームのチケットはお返し下さい。そうすれば、あなたにはお払いになった全額をお返しします。これは、あなたがご覧になった試合を含む五ゲーム全部ということです。

あなたが楽しめるかどうかは、その最初の試合の勝ち負けとは関係がありません。〈この保証はあなたが楽しんだかどうかが基準ですから、それを判断するのはあなた一人です〉。たとえば私の髪のとかし方が気に入らないといったことでも、お金は返してもらえるのです！

この五ゲームのチケットパッケージを買っていただくと、次のようなすばらしい特典がありま す……（次のページに特典のリストを載せる）

LAクリッパーズ
業務執行副社長
アンディ・ロウサー

これなら、クリッパーズの業務執行副社長のアンディがXYZ社社長のジョーの友人のように聞こえないだろうか。そう聞こえるはずだ。たとえこの手紙を、アナハイムでのクリッパーズのゲームのチケット・パッケージを更新しなかった三五〇〇人のファンに送ったとしても、それぞれの手紙はひとりの人にあてて書かれたように聞こえる。**これが「一つだけのセグメントへのマーケティング」である。**

この手紙は、パンフレットよりは信用できると思う。というのは、アンディは手紙の最初のところで、アナハイムで情けない記録をつくったことを認めているからだ。たいていのチームは自分たちがお粗末だったことを決して認めたがらないものだが、クリッパーズは残念ながら、去年アナハイムでのゲームのチケットを買った人たちからその事実を隠すことはできなかった。隠すのが無理なら、いっそそれで手紙を始める方がいい。そのことによって信用する気になるのだ。それが友だちに手紙を書くときのやり方だ。この手紙に対する反応は、きれいなパンフレットを送ったときよりも大きかった。

第3章で私は、クルマのディーラーは、二年半前に自分のところでクルマを購入した顧客に手紙を送るとよいと書いた。ふつう、ディーラーの手紙に対するコンセプトは、チューンナップの時期がきたことを知らせるハガキである。しかし、この種のハガキは友人に対するコミュニケーションの仕方ではない。そのディーラーは、自分の友人である顧客に次のような手紙を送った方がずっと効果的だろう。

親愛なるジョン

この時期にこうした手紙をお送りすべきではなかったかもしれません。何しろ、クルマを買っていただいたのは二年半前のことですから、おそらくまだ新しいクルマを買うおつもりはないことでしょう。

しかし、「ファーストカー」の特徴はとてもユニークなので、あなたもお知りになりたいだろうと思ったのです。新しいファーストカーで気に入っていただけそうな点は、三つあります。(ディーラーは、特長を手短に挙げたうえで、相手をファーストカーの試乗に招待する。ディーラーは手紙の一通一通にサインする)

少し前に、私は創刊以来のすべての『タイム』誌が小さなディスクに圧縮されたCD-ROMを、自分のコンピュータ用に購入した。ほとんどのコンピュータ・ソフトと同様、それには登録カードが入っていた。あるいは、電話のモデムを通してオンラインで登録することもできた。

私はこれらすべての『タイム』誌を実に楽しんだ。表紙を眺め、記事を探し、何十年もの年月が自分の指先一つで飛ぶようにすぎるのを見た。それはとても面白かったのだが、一つだけ起こらなかったことがある。それは『タイム』の発行者から手紙が来なかったことだ。

そのコンピュータ・ソフトの登録をオンラインですませた数日後に、発行者から手紙が来てもよかったはずだ。私たちは双方とも、おそらくその『タイム』誌全部をあちこち見て回ったのだから、何か共通点があったはずだ。発行者の手紙は次のようにもできただろう。

親愛なるジョン

『タイム』誌のCD－ROM版を、私と同じように楽しんでいただけたのではないかと思います。このソフトには本当に興味をそそる点がいくつかあります。

◯(このソフトのすばらしい点)

◯(このソフトのもう一つのすばらしい点)

私は、あなたが毎週『タイム』誌を楽しんでいらっしゃるかチェックしてみましたが、私共のコンピュータにはあなたの名前は見つかりませんでした。

けれども、あなたには特別サービスをさせていただきたいと思います。あなたは過去のすべての『タイム』誌を入手されたのですから、将来の分もすべて手に入れてはいかがでしょうか。

以下がその詳細です……

『タイム』発行人

こうした手紙は、発行者が私の友人であるように聞こえるはずだ。一般的なリストと、『タイム』誌のCD－ROM版を購入した人のリストとどちらの応答率が高いとお考えだろうか。私には答えられないが、読者は、自分の友人として手紙を書いた方に違いないとお思いだろう。

Test

❶「比率」とは何か。

□÷□＝比率

❷一つだけのセグメントとは何か。

❸あなたは自分の一つだけのセグメントの人にどのように話しかけるか。

○セグメントのほかの何千人もの人たちの一人として

○友人として

○ただの他人として

答え

❶収入÷コスト＝比率

❷【あなたの商品に関心を示した人々】

この人たちは、現在の購入者やあなたに情報を求めた人であり、あなたが実施した懸賞の応募者である。

もし名前が懸賞によるものなら、だまされることがある。一つ例を出そう。あなたが事務用品店のチェーンを所有していて新聞に懸賞を出すことに決めたとする。懸賞の賞金が１億ドルなら、多くの人たちが応募してくるだろうが、その人たちはあなたとあなたの店のことには少しも関心がない。彼らはその１億ドルが欲しいだけだ。

しかし、賞品が高いカラーコピー機なら、その人たちの名前はあなたの一つだけのセグメントに加えてもよさそうだ。この人たちはあなたの会社の商品（あなたの店でも売っているカラーコピー機）に関心を示したからだ。

❸○友人として

私は、ある会社に対して自分が味方であることを何らかの形で示しても、まるで見知らぬ人間のような接し方をされることにいつも驚く。

このテクノロジーの時代には、以前よりも友人とのコミュニケーションがとりやすい。プロ・スポーツの世界では、シーズンチケットの更新を勧める手紙はどうして「シーズンチケット保有者の皆様」で始まるのだろうか。友人に対してもこう語りかけるだろうか。

顧客への手紙の多くが、どうしてまるで会計係が書いたような調子なのだろう。私の会計係でも、個人的なメモを書いてよこすときは友人らしく書いてくるのだ。

第11章

リサーチにだまされない

Jump Start Marketing ⑪

リサーチに決定権を与えるな

私は日曜日の夜のスポーツのイベントが嫌いだ。私と同じように、ほとんどの人は日曜の夜は家にいる方が好きだと思う。

私がポートランド・トレイルブレイザーズにいたとき、ホームゲームのおよそ四〇パーセントはふつう日曜の夜に行っていた。ということは、私はゲームのおよそ四〇パーセントに行きたくないと思っていたことになる。結局、ファンもそれに気づき、続いていたゲームの完売も途切れることだろう。かといって、NBAに頼んで日曜日の夜の試合をもっと少なくしてもらうわけにもいかなかった。そこで私はちょっとしたリサーチを行った。

日曜の夜に多くの試合をしなければならないとしたら、どうすればそれを改善できるだろうか。意見を聞いたのは一般の人たちではなかった。聞いたのはシーズンチケットの保有者である。われわれはシーズンチケットの更新を勧める手紙に、次のような質問表を入れた。

「日曜日の夜の試合の開始時間は何時がいいと思いますか」(一つ選んで印をつけて下さい)

午後四時 ／ 午後五時 ／ 午後六時 ／ 午後七時 ／ 午後七時三〇分

いつもの試合開始時間は、午後七時三〇分だった。日曜日の夜の試合については、ファンの七五パーセント以上が午後五時を希望した。午後五時が開始時間なら、ファンたちは午後七時半頃までには家に帰れるだろう。彼らもまた、日曜日の夜の試合は嫌いだったようだ。難なく、自信をもって、すみやかに、われわれは開始時間を午後五時に変更した。

これは、私が、リサーチが役に立つと考えているタイプの分野である。つまり、商品あるいは経験について現在の顧客にリサーチするというものである。このタイプのリサーチのすばらしい点は費用がかからないということだ。われわれは郵送料すら払う必要がなかった。このちょっとしたリサーチは、シーズンチケットの更新を勧める手紙に入れたからだ。

リサーチに責任を負わせる

日本では、多くの決定は委員会によってなされる。「委員会による決定」の最大の利点は、物事が計画どおりに運ばなかったときに、誰も個人的に責められないということだ。アメリカではこのシステムをさらに数歩進めて取り入れた。多くの会社、特に巨大企業では、委員会に代わってリサーチに決定権を与えているのだ。

リサーチに決定権を与えた典型的なケースが、コカコーラ社の場合だ。私たちもよく知っているように、コークは、ペプシコーラが若者の間でどうやって市場のシェアを勝ち取ったのかに関心があった。

コークは、ペプシが若者を制覇したのはマーケティングだったとは考えなかった。それは、製品の製法にあると思ったのだ。そこでコークは、その処方を変えることにした。彼らはコークをもっと甘くしたのだが、それはこの方が若い人たちの口に合うだろうと考えたからだった。何百万ドルもかけてリサーチが行われた。味のブラインドテストが何十万回も実施された。

つまり、「こちらのコップから飲んで下さい。次にあちらのコップから飲んで下さい。どちらがお好きですか？」というやり方である。

リサーチはすべて、消費者が新しいコークの方を気に入っていることを示していた。だが、このリサーチは間違っていたのだ。確かに、味のブラインドテストでは、彼らは「コップB」より「コップA」の方が好きだと言った。しかし、コップAとコップBに何が入っていたかがわかると、彼らは声高に、自分たちが好きなのは前のコークであって、新しいコークではないと言ったのだ。

コカコーラは、憤激した世界中のコーク飲用者に対してすばやく対応した。彼らはもとの製法を復活させ、それを「クラシック・コーク」と名づけた。これは適切なネーミングだった。それはリサーチにだまされたクラシックなミスだったからだ。

リサーチが役立つのは、顧客の経験や意見をはかるときである。ブレイザーズの日曜の夜の試合開始時間のケースでは、シーズンチケット保有者は試合の観戦の経験があった。彼らの大部分は、何年にもわたって多くの試合を観戦してきた。彼らは開始時間を理解していたし、それぞれの開始時間が自分にとって何を意味するかを思い浮かべることもできた。だからこうした意見は有効だった。彼らの意見は、圧倒的に午後五時の開始時間が多かった。これが非公開の投票だったら、われわれは開始時間の変更はしなかっただろう。

価値のないリサーチとは、ブレイザーズのゲームへ行ったことのない人たちに聞くことである。そのリサーチではこんなふうに尋ねることになる。

「もしあなたが日曜の夜にブレイザーズのゲームへ行くとしたなら、開始時間は何時がいいと思いますか」

私が考えるに、この人たちの意見が有効でないのは、ブレイザーズのゲームを日常的に経験していないからだ。

リサーチが利用できる分野

この章を読んできて、読者はたぶん、私はリサーチがあまり好きではないのだろうと思われたことだろう。それは正しくもあるが、間違いでもある。私がリサーチを大いに支持するのは次の二つの分野である。

(1)相手を説得するために、リサーチを利用する

あなたが何かを認めさせようとしている相手は、決定を下すのにリサーチが必要かもしれない。これはリサーチかもしれないが、私はそれをむしろマーケティング・ツールとみなしている。この場合は、お金を使わなければならないだろう。自社の商品について顧客がどう「感じ」ているかについて「個人的な印象」を寄せ集めるだけでは相手をうまく説得できないからだ。あなたはリサーチ会社から信頼を買う必要がある。

次のような場合には、リサーチは相手を説得するための重要なツールとなる可能性がある。

融資を受ける

あなたが仕事上の融資を受けようとすると、銀行に対してこの融資はリスクが低いと証明しなければならない。それを証明して融資を受けるために、リサーチは必要な信用を提供してくれる。

投資家を集める

私が想像するに、ジェリー・コランジェロは、フェニックス地区ではメジャーリーグの野球チームかＮＨＬ（全米ホッケー連盟）のチームがすばらしい投資先だということを証明するために、たくさんのリサーチを利用したことだろう。

商品を売る

このよい例は、ラジオ局とテレビ局だ。彼らは一般に、その局の視聴者がそのメディアを買う広告主にとって完璧だということを証明するために、視聴率を調査する必要がある。

誰かに何かを認めさせることになれば、リサーチによって信頼性を増すことができる。それと同時にコストもかさむかもしれない。しかし私は、そのコストはマーケティングの費用だとみなしているから、「安い方がいいが、ただならもっといい」はこれにはあてはまらない。

(2)研究と開発

私は、研究と開発はおおいに支持している。これは、基本的には資源を使って新商品を開発したり、いまある商品を改善したりすることだ。「研究開発」という言い方は私には少し高尚に思えるが、常に時間とお金をかけて新商品をつくりだしたり、現在の商品を改善している企業というコンセプトは、ジャンプ・スタート・マーケティングを維持するうえで欠かせない。私はこの部門をむしろ「楽しみとゲーム」部門（「研究開発」とも言う）と呼びたいくらいだ。

「楽しみとゲーム」部門

子どものころ、私たちは新しいパズルをするのが楽しかった。大人にとっては、新商品の開発や、いまある商品の改善は楽しいことなのだ。ゲームの部分とは、この新商品のターゲットを決めて市場に出すことである。

企業が小規模すぎて、お金と時間を「楽しみとゲーム」部門（あるいはこの方がよければ「研究開発」）にかけることができないということはあるだろうか。どんな企業でも、小規模すぎるということはない。一人でやっている会社だと「楽しみとゲーム」部門を置くわけにはいかないだろうが、その人の脳の一部を仕切って、新商品の開発や現在の商品の改善に当てることはできる。

リサーチにだまされる場合

リサーチにだまされる可能性はいつもある。

特にだまされやすいのは、重要な決定を下すときだ。重要な決定（その場合、何かを誰かに納得させる必要がある）をするときは、大きなリサーチ専門会社が信頼性を高めるために加えられる。巨額のお金が使われる。お金をかけないリサーチより、こうした大量のリサーチの報告書の方がより信頼されるのはもっともだ。

しかし、多くのお金を使って大規模なリサーチをしたら、最終的な決定を下す前にお金をかけないリサーチをする必要がある。お金をかけないリサーチというのは、自分の顧客のところへ行って、一対一で話すことだ。彼らと十分に話をすれば、顧客が何を「感じ」ているかについて、きわめてはっきりとした印象を得ることだろう。

このタイプのリサーチは、あなたをだますことがない。

Test

❶リサーチが役に立つ二つの分野とは何か。

❷あなたの会社の「楽しみとゲーム」部門の重要性はどの程度か。

〇非常に重要である。

〇重要である。

〇あまり重要ではない。

〇「楽しみとゲーム」部門がない。

答え

❶〇相手を説得するためにリサーチを利用する。

〇研究と開発。

❷ジャンプ・スタート・マーケティングを持続させるためには、ここでのあなたの答えは「非常に重要である」でなければならない。新商品をつくりだしたり、現在の商品を改善することは絶対に不可欠なのだ。

プロ・スポーツでは、すべてのチームに研究開発部門があると言ってよい。それは選手人事部門で、ふつうはゼネラルマネジャーがそこの長である。ゼネラルマネジャーというのは、ドラフトやトレード、あるいは新しいコーチによって、チーム（つまり商品）を改善する義務があるのだ。

しかし、スポーツのビジネス面では、新商品というのはユニークなチケットパッケージや新しい形のスポンサーシップであり、私が知っているプロ・スポーツチームで研究開発部門を持っていたのは二つしかない。それはポートランド・トレイルブレイザーズとニュージャージー・ネッツである。

「楽しみとゲーム」部門のおかげで、この二つのチームはほかのどのチームよりも画期的なマーケティング商品を持っていた。それはただの偶然か、それともすごく幸運だったのだろうか。そうではない。新商品といまある商品の改善が「楽しみとゲーム」部門の存在理由だったのだ。

実際の「楽しみとゲーム」部門は、大きくはなかった。それぞれの場合、まず一人がいて、ほかの人は別の部門から一時的にうまく連れてくるという感じだった。商品のコンセプトは、ふつう第6章の指針にしたがってつくりだした。「楽しみとゲーム」部門のディレクターは、それからその新商品を市場へ導くのに必要なすべてのことをした。

第12章

クライアントをヒーローにする

Jump Start Marketing ⑫

年次報告書をクライアントに提出せよ

私はほかの人たちに、自分がプロ・スポーツにいて気に入っているのは、それに何の意味もないことだ、と常々言ってきた。スポーツでは、ほかの企業のように川や野原、あるいは空を汚染することはない。何か形のあるものを、つくりだすわけでもない。ただ若者たちに途方もない額のお金を払って、人々の前で試合をさせるだけだ。

プロ・スポーツという仕事には、もちろん取り柄もある。プロ・スポーツは、人々が世の中の問題を忘れるための息抜きを提供してくれる。この息抜きは、映画やコンサートといった、ほかの分野の娯楽から生まれる慰めよりも包容力がある。

映画やコンサートは二、三時間の出来事で、感情的な愛着がその後も続くことはない。プロ・スポーツの場合は、感情的な愛着が一年間持続する。シーズンはおよそ七カ月続き、それからシーズンオフになる。ファンは、自分のチームがあることで、一年のうちの一二カ月、毎年毎年、一〇年さらに一〇年と精神的に安泰でいられるのだ。

こうした安心感は健全ではないという人もいるかもしれない。確かに、自分のひいきのチームの方が、仕事や家族よりも大切だというファンも中にはいる。言うまでもなく、これは極端なケースであり、彼らは狂信的なファンと言った方がいい。

ほとんどのファンにとっては、チームは彼らが毎日少しの時間逃げ込める心のオアシスなのだ。ときにファンは、この心のオアシスをあの世まで持っていきたくなるらしい。

一九八〇年代の初め、ポートランド・トレイルブレイザーズで私のマーケティングのアシスタントをしていたスー・ミラーが、こうしたファンからの一風変わった頼みをもって私のオフィスへ入ってきた。

「ある女性から電話があって、《ブレイザーズ・ミュージック》のテープはどこで買えるのか教えてほしいっていうんです」

スーの言う《ブレイザーズ・ミュージック》というのは、われわれのラジオ放送のオープニングに流していたものだった。

この音楽はオリジナルに近かった。数年前、われわれはあるスタジオへ行き、ブレイザーズにぴったりの曲を見つけようと、そのスタジオのライブラリーにある何百というインストゥルメンタルを聞いてみた。結局、一曲ではなく六、七曲を選んだ。そしてそれぞれの曲の気に入った部分を集めて編集し、われわれ独自の音楽を作ったのだ。ある曲からはドラムのパートを、別の曲からはトランペットのパートを、三番目の曲からはスチールギターをといった具合だった。念入りな編集をしたおかげで、このブレイザーズ・ミュージックはすばらしい曲になった。この音楽が流れると、アナウンサーが次のようにナレーションを開始するわけだ。

「こちらはポートランド・トレイルブレイザーズのバスケットボール……」

「その女性には、ブレイザーズ・ミュージックはお店では手に入らないと言ったのですが、その人はどうしてもほしいと言い張って、ほとんどパニック状態だったんです」とスーが言った。

その女性はスーに、なぜ自分が今日それほどブレイザーズ・ミュージックが必要なのか、わけを話した。彼女の夫が亡くなり、その最後の願いとして、自分が埋葬されるときにブレイザーズ・ミュージックを流してほしいと言ったのだという。

「スタジオに電話したのですが、チーフ・エンジニアは休暇中でした」とスーが言う。「うちのオリジナルの曲はスタジオのどこかにしまい込んであって、誰も取り出せません。こちらにある唯一のテープは放送用のもので、全部のビルボードが入っています」(ビルボードというのは、スポーツ放送の初めに入れる、短いスポンサーのクレジットのこと)。

「その女性はそれでもいいと言うのかね?」と私が聞いた。

「はい」とスーは言った。「とにかく手に入れたいということですので」

「わかった。ではテープにダビングしてあげなさい」

スーはそのテープを渡し、われわれは花を送った。

翌日、その亡くなったブレイザーズ・ファンは埋葬された。墓地では、その女性がテープレコーダーのスタートボタンを押した。ドラムが鳴り響いた。それからブレイザーズの試合のエキサイティングなハイライト部分が流れる。

「トンプソン、リバウンドをとってヴァレンタインにパスを送りました。ヴァレンタイン、相手のディフェンスをかわしながらコート中央へ進みます。ウィングにいるケニー・カーにパスし、カーがダンクシュートを決めました。ブレイザーズ、二得点です!」

それから音楽が弱まり、アナウンサーがビルボードを読む。墓地の会葬者は――そして、もしかすると亡くなったファンも――それを聞いたことだろう。

「こちらはポートランド・トレイルブレイザーズのバスケットボール……ブレイザーズのバスケットボールは、《ノーと言う時を知っている》のバドワイザー、《アメリカの鼓動》シボレー、そして大手スーパーチェーンのセーフウェー……の提供でお送りします」

こうして、われわれは最後までスポンサーのために売り込んでいたのだ……

「いいですか、もし私がおたくの、このスポンサーシップ申込書にサインしたら、私はクビになるかもしれないんですよ」と、オレゴン州にあるセーフウェーの広告マネジャー、アル・ニーシュは言った。

これはずいぶん前の一九七九年頃のことだが、アルの言葉は暑い夏の日に駐車場で踏みつけたガムのように、私の頭にこびりついて離れなかった。私がどこで仕事をしようと、それがプロ・スポーツチームの経営であろうと、あるいはコンサルティングであろうと、アルの言葉——「私はクビになるかもしれない」——のエコーが聞こえることがあった。彼の言葉は私のセールスに違う視点を提供してくれた。それとは知らずに、アルの言葉はジャンプ・スタート・マーケティングの初期の展開に新しい視点を持ち込んでいたのだ。

社内か、社外か？

私は、自分が売っていたものを買うことで、アルがクビになるかもしれないと言われたとき、ショックを受けた。私はただ、彼に何かを売ろうとしていただけだった。私はそれが職業上の死活にかかわるような問題だとは考えていなかった。

私はポートランド・トレイルブレイザーズへ入ったばかりで、ブレイザーズはラジオを「社内」に取り込んだところだった。ラジオを社内に取り込むということは、チームは、そのゲームのラジオ放送の経済的リスクを背負うことを意味した。これまでは、ラジオ局が、ゲームを放送する権利に対してチームにお金を払った。経費はすべて局が負担した。アナウンサーの人件費、電話線（いまは衛星中継）のコスト、そしてチームに払う分である。ラジオを社内に取り込んだとき、われわれはアナウンサーを雇い、その旅費を出し、セールス担当者とサポート要員を雇った。言い換えれば、ブレイザーズはそのとき、ゲームを放送するためのすべての費用を負担する義務があったのだ。ラジオ局は、ゲームを放送することに対して何ら経済的リスクはなかった。ゲームの放送は、局にとってはリスクのない、受信のプロモーションだった。

この経済的義務のシフトを、ブレイザーズにとって利益のあるものにするには、ラジオ局より多くのスポンサーシップを売る以外になかった。そうしなければ、ラジオを社内に取り込むという実験によって、私は社外に出されることになっただろう。

トレイルブレイザーズは一般に、ラジオを社内に取り込んだ最初のチームだと信じられていた。私は、そうは思っていないが、それを主要なプロフィットセンターにしたのはブレイザーズが最初だったことは確かだ。たとえば、一九七八〜七九年のシーズンに、ブレイザーズはＮＢＡのえり抜きのチームの一つだった。そのちょうど二年前に、ビル・ウォルトンがチームをＮＢＡのチャンピオンシップへ導いたのだ。ポートランドのラジオ局はブレイザーズに、ゲームを放送する権利金として五万ドル支払った。当時、それはＮＢＡでも三番目か四番目に高い権利金契約だった。ブレイザーズがラジオ放送を社内に取り込んだとき、私はスポンサーシップの販売戦略を変え、パッケージを作り直した。それによって新しい価格設定を行った結果、九〇万ドルの純益を出したのだ！このころは、チーム全体の年俸総額が一五〇万ドルくらいだった時代である。この利益の急増は、驚くべきこととしてNBA全体に知れわたった。

ご推察のように、新しい価格設定はポートランドのスポンサーにたやすく受け入れられたわけではなかった。セーフウェーは、その前の年はスポンサーシップを一万九〇〇〇ドルで買っていた。私はアルに一三万ドルのスポンサーシップ契約を提案していた。最初のミーティングでは、アルにセーフウェーの肉売場ですり砕いてハンバーガーにされかねないと思ったが、両者は再び話し合いの席についた。価格を上げることは、ばかげていて良心的ではないように思えるだろうが、このスポンサーシップは試合中のラジオコマーシャルだけというのに比べると、ずっと実質を伴っていた。

セーフウェーのスポンサーシップ・パッケージには、ラジオのコマーシャルも含まれていたが、これはどこのラジオ局でもやっていたことだ。われわれが違っていた点は、選手とチームの知名度を利用したユニークなプロモーションを提供することだった。こうしたプロモーションによってセーフウェーは売上げを伸ばすはずだ。

アルは私に言った。「こんなことは言いたくないんですが、おたくの一三万ドルのプロモーションつきのスポンサーシップの方が、去年買った一万九〇〇〇ドルのものよりはいいですよ」

アルがこれを認めたというのは、なまやさしいことではなかった。ポートランドでは、アルは西部で最もタフで抜け目のない広告マンだと見なされていたのだ。

「しかし、私には上司がいます。彼は、ブレイザーズへの支出がこれほど増えれば、私のことをばかなんじゃないかと思うでしょう。これを承認してもらうことはできるかもしれませんが、もしおたくのプロモーションがうまくいかなければ、私はクビになるかもしれないんです」

一週間かそこらして、アルは上司の承認をとりつけた。今やわれわれは、セーフウェーから一三万ドルのコミットメントを手に入れたが、同時にアルのキャリアに対する責任も負うことになった。私にとって、セールスは、もはやセールスではなかった。

責任の重さをくつがえす

ラジオ局が、ある会社に放送時間を売って、その会社のコマーシャルを流すとき、その局の責任はかなりはっきりしている。ラジオ局の責任は、コマーシャルが流れた時点で終わりになる。その局が約束したのは、ただコマーシャルを放送するということだけだ。

たとえ、そのコマーシャルに説得力がなくても問題ではない。それは、その会社の広告代理店の責任なのだ。われわれがラジオを社内に取り込んで値段を劇的に上げ、アルのキャリアを危険にさらすことになったとき、大きな責任の転換が起こった。

われわれの責務は、ただコマーシャルを放送することだけではなかった。われわれの責務は、何とかしてセーフウェーのスポンサーシップを成功させることだった。そのためには、プロモーションによって売上げを伸ばすことが必要だった。そのプロセスで、アルにセーフウェーのヒーローになってもらいたかった。

クライアントをヒーローにする

クライアントをヒーローにするには、セールスのうえで全く別の工夫が必要になる。この別の工夫というのはジャンプ・スタートの重要な要素なのだ。確かに、セールススタッフを訓練して、新しいビジネス獲得のために、相手と一対一でやり合うようなセールスをする方が容易に思えるかもしれない。しかし、私は猛烈なセールス・テクニックが効果的なのは短期間だけだと考えている。一般的に、こうしたテクニックはセールス担当者と顧客の間に敵対的ともいえる関係をつくりだす。その短期間がすぎた後、このタイプの会社は、猛烈なアプローチによって獲得したものの、その後失った客を補うために、自身をジャンプ・スタートさせることが必要になるだろう。

会社が、「クライアントをヒーローにする」という哲学を身につけていれば、ジャンプ・スタート・マーケティングの原則は驚異的な結果を生み出す。ビジネスを再生させたうえに、新しいビジネスを築き上げるのだ。クライアントをヒーローにすれば、もう一年間友人を持つことが保証される。自社のすべてのクライアントをヒーローにする会社は、もう一年間多くの友人を持つことが保証される。今や、それこそが会社が本当に当てにできるものな

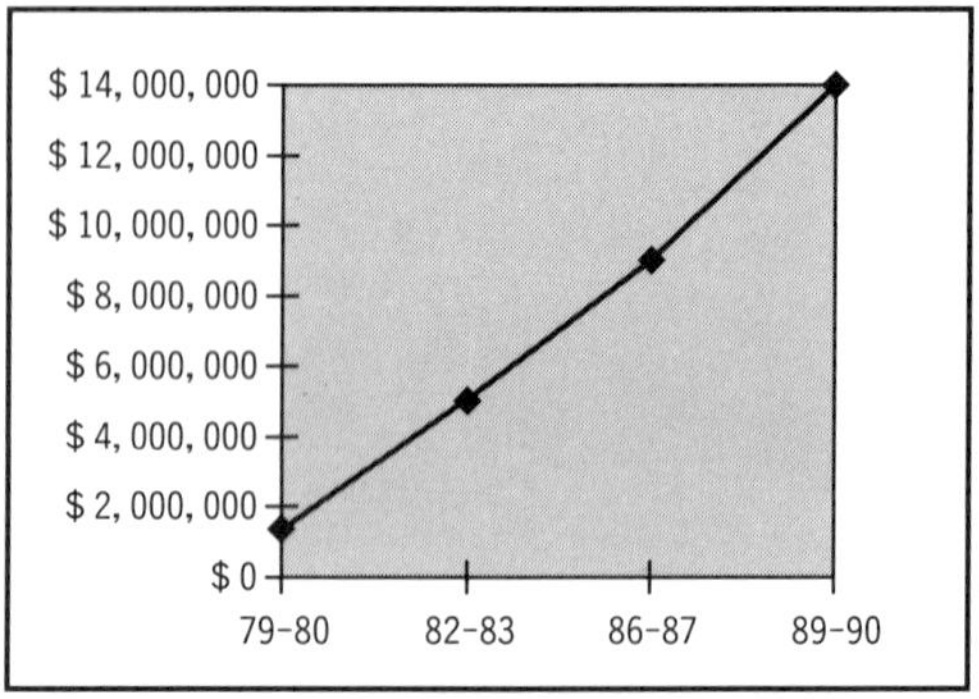

のだ！

このコンセプトをいったんつくり上げると、それはポートランドで驚くべき成果を上げた。スポンサーを失うことはめったになかった。ヒーローを「再生」させたうえに新しいヒーローを生み出したのだ。そして、スポンサーシップの売上げは、前ページのグラフでわかるように加速度的に増加した。

私はニュージャージー・ネッツに行くときに、「クライアントをヒーローにする」というこのコンセプトも一緒に携えていった。「ビジネスを再生させたうえに、新しいビジネスを築き上げる」というコンセプトは、スポンサーシップの伸びに大きな貢献をしてくれた。

すばらしい仕事をするだけでは十分ではない

こういうせりふを聞いたことがおありだろうか。

「クライアントのために割の合わないことまでしたのに、感謝もしてくれない」

あるいはこれはどうだろう。

「やると言ったことはすべてしたが、お客が戻らない。ある会社が参入してきて値段を下げ、そのビジネスを自分のものにしてしまったのだ」

こういったことを聞いたとき、私はいつも次の質問をする。

「クライアント側の意思決定者は、そのことを知っているんですか」

意思決定者は、ある場合は仕入部長だが、会社のエグゼクティヴのこともある。広告の場合は、意思決定者はクライアント側の従業員ではなく、広告代理店かもしれない。しかし、多くの場合、意思決定者はこちらのスタッフと日常的に仕事をしている人間ではないのだ。会社がどんなすばらしい仕事をしているか、相手の意思決定者は知っているのかという問いに対する反応は、たいていは次のようなものである。

「そうですね、うーん……知らないでしょう」

それから私はもう一つ質問する。

「あなたの会社がどんなすばらしい仕事をしているかということを、誰が意思決定者に伝えるのですか」

「彼の部下が伝えていると思います」

「彼の部下？　《彼の部下》がちゃんと伝えていなかったらどうしますか。彼らが責めを負ってくれるんですか、それとも、あなたがたの責任になるんですか」

「われわれの責任です」

それがわかったら、私はさらに二つ質問をする。

「もし会社が、クライアント側の意思決定者と日常的に仕事をしていないとしたら、彼らはその人をどうやってヒーローにしたらいいと思いますか」

答えを待つ代わりに、私はこう聞く。

「意思決定者の上役は、彼がどんなすばらしい決定をしたのかわかるでしょうか」

クライアントのために、ただすばらしい仕事をするだけでは十分ではないのだ。

クライアントをヒーローにする方法

ニュージャージー・ネッツにいた間は、スポンサーシップを売るときはいつでも、意思決定者は自らの首を危険にさらすことになると私には感じられたものだ。そのスポンサーは、われわれがすると約束したことはやるだろうと、ただ信じてくれた。われわれは、彼らの首を縄やギロチンにかけさせるわけにはいかなかった。

ネッツのスポンサーシップを買うということは、アル・ニーシュがポートランド・トレイルブレイザーズのスポンサーシップを買ったときよりも、はるかにリスクが大きいことに思えた。意思決定者の首は、ネッツの過去一〇年間のあわれな実績のおかげで危険にさらされるだろう。ネッツの個性は敗者ということだった。ニューヨーク・ニックスかニューヨーク・ジャイアンツ、あるいはニューヨーク・ヤンキースのスポンサーシップを買う方がリスクは、はるかに少ないはずだ。一般に、敗者と認められているチームのために自分の首をかけるのは実に危険なことだ。

どの会社にも否定論者がいるものだ。こうした否定論者の中には、ほかの誰かをけ落としてでも自分がはい上がりたいと思っている人間もいる。ある会社の意思決定者がネッツのスポンサーシップを買えば、それがエグゼクティヴの地位にいる否定論者の注意を引くことは確かだ。意思決定者の首がかかっているとなれば、否定論者は輪縄を作ったりギロチンに油を塗る手助けさえしかねない。

そこで、ポートランドのアルの場合と同じように、われわれはネッツのスポンサーシップを買った人は誰でもヒーローにすることにした。そのための方法は以下のとおりである。

それを意思決定者の上役に証明する

それを証明するといっても、意思決定者の上役に電話して、「ジョーさんは当社の商品を買う決定を下すという、すばらしい仕事をなさいました」と言おうというのではない。われわれはまず、意思決定者にそれを証明することにした。われわれが証拠を提供すれば、それを道具として使うことでどんな否定論者もかわせるし、それがいかにすばらしい決定かを上役に証明することもできる。それを意思決定者に証明するプロセスは、次の三つのステップから成っていた。

すばらしい仕事をする

ポートランド・トレイルブレイザーズやニュージャージー・ネッツでは、スポンサーに対してある哲学を実践した。それは、「スポンサーシップを成功させるために、必要なすべてのことをせよ」というものである。

ご記憶と思うが、われわれはラジオ局とは違って、ある会社のコマーシャルをただ流せばよいわけではなかった。ラジオ局の成功の尺度はコマーシャルを流すことだ。しかし、われわれの責務はスポンサーシップを成功させることだった。

チームがスポンサーシップを成功させるには、いろいろなやり方がある。そのどのやり方であろうと、われわれが自分たちに課した命令は常に、「スポンサーシップを成功させるために必要なすべてのことをせよ」だった。会社がこの心構えを持っていれば、社員たちもそれを実践しようと非常に創造的になる。失敗をクライアントのせいにはできない。責めることができるのは自分自身だけなのだ。

「年次報告書」を提供する

プロ・スポーツチームのスポンサーシップには多くの要素が入ってくる。意思決定者は、もちろんそれらの要素のすべてをチェックするわけではない。多くの場合、その要素のうち意思決定者の目にふれるのは、ほんのいくつかにすぎない。われわれの年次報告書は、その特定のスポンサーシップに含まれるすべての要素をカバーし、それがどのようにスポンサーの利益になったかを報告していた。

年次報告書の内容は、次のようなセクションでできていた。

【エグゼクティヴ・サマリー】これは添え状の体裁《ていさい》で書かれていた。手紙ではスポンサーシップの具体的な利益の概略を説明している。私のサインと肩書きと共に、スポンサーシップの仕事に携わった全員が手紙にサインした。場合によっては、九人とか一〇人の人たちがサインすることもあった。

【スポンサーシップの各要素のポイント】スポンサーシップの各要素は、スポンサーにとっての目的と価値にしたがって明確に定義された。

【プロモーション・サポートの詳細】スポンサーが消費者プロモーションをするときは、われわれはスポンサーに、ファンに対するプロモーションに含まれるあらゆる細部に注意を払うと告げた。われわれの手元には多くの武器があった。たとえば、試合をラジオやテレビで放送するときは、ブレイザースのアナウンサーに特別プロモーションについてしゃべってもらうことができた。また、チケット保有者に、プロモーションのための手紙を送ってもよかった。新聞にプロモーションの広告を出すこともできた。このセクションでは、われわれが行ったプロモーションの各ステップとそれらのステップの価値を詳しく説明した。

主なスポンサーはそれぞれ、シーズンチケット、少なくとも一ゲーム分のチケットの裏面への広告、チームのメディアガイドへの全面広告などの見返りを受けた。このセクションでは、一ページ一項目で、それぞれの内容の簡単な説明を行った。

【スポンサーシップの各要素の実例】

この年次報告書は、ときには二、三センチの厚さになり、スポンサーシップについての完全な資料と言ってよかった。それには色刷りのサンプルがついていて、内容にまやかしや誇張はなかった。製本は専門業者に頼み、報告書の背表紙にはスポンサーとチームの名前が入り、たとえば、「セーフウェーのスポンサーシップ——ポートランド・トレイルブレイザーズ作成、一九八四〜八五年」のようになっていた。

この本は、クライアントが陳列できるようにデザインされていた。それは、クライアントの個人用オフィスの、エグゼクティヴ席近くのコーヒーテーブルに置く大型本としても利用できた。あるいはクライアントの本棚に何気なく並べてもよかった。

スポンサーシップの年次報告書には、次に挙げるような特長があった。

クライアントを持ち上げる

○容易に読み通すことができる。
○スポンサーシップの主な構成要素が理解できる。
○会社が、スポンサーシップから利益を得たという結論に達することができる。
○スポンサーシップを買った人は、誰でも賢明で抜け目がない人間だったと実感できる。
○意思決定者は、昇給すべきだとわかる。
○意思決定者は、昇進すべきだとわかる。

年次報告書の本当の目的は、「われわれのスポンサーシップによって、クライアントがすばらしく見えるように手助けすること」である。われわれは、クライアントをヒーローにしたかったのだ。われわれは各クライアントに、年次報告書を少なくとも四冊ずつ配った。もしクライアントがもっと欲しいと言えば、それに応じた。一冊はクライアントの上役に渡されるだろう。二冊目もクライアントの上役のところへいくはずだった。というのは、その一冊には私からの短い手紙が添えてあったからだ。

スタッフは年次報告書から、どのような利益を得るか

年次報告書の作成に着手すると、スタッフの仕事ぶりにも改善が見られるようになった。それも大きな改善だった。私は、彼らがそれぞれのスポンサーシップを実行するのに、どんなに細かいことにも最大限の注意を払っているのに驚いた。それはすばらしいことだった!

ご存じのように、おかしくなりそうなほどやっかいな細々したことはいつも存在するのだ。細々した事柄に対する私の経験法則は、**「細々した事柄を見のがすと、結局は重大な問題をまねく」**である。

もはや、そうした細々とした事柄が立ち現れて手に負えなくなるのにまかせることはしなかった。そして、細々した事柄の一つが綿密な吟味をのがれた場合でも、その細々した事柄が面倒を起こす前に、早急に問題を解決できるよう万全の準備を整えていた。私はわれわれの業務が改善したのは、年次報告書に負うところが大きいと思っている。

おそらく、次のような場面が想像できるだろう。スタッフたちが年次報告書をまとめていて、その目的はクライアントをヒーローにすることである。スタッフは、細かい点を詳細に調べている。「これはまずい」とスタッフの一人が言う。「ここのところはどうしようもないなあ。これじゃあ、誰もヒーローになんかできやしない。それどころか、ぼくたちも含めた誰かが笑いものになりかねないよ」

「笑いもの」にならないよう、スタッフたちはまずい箇所を前もってチェックすることにした。こ

れは消極的な考え方のように聞こえるかもしれないが、実はスポンサーシップを実行するためのすばらしい心の準備になった。多くの細々した事柄が急に立ち現れて、ひどい目にあうかもしれないと事前に予想できたので、そうなる前に解決したのである。

なぜもっと多くの会社がクライアントのために年次報告書を作らないのか

年次報告書といったものを提供してクライアントをヒーローにするには、多くの仕事をしなければならないんじゃないかとお思いだろう。確かにそのとおりだ。しかし、われわれが二年目に学んだように、それは思ったほど大変な仕事ではないのだ。

最初の年は、主だったスポンサーへの年次報告書の準備のために、オフィスで何日も夜遅くまで仕事をした。つまり、バスケットボール・シーズンの終わりに、われわれは歴史を再創造しようとしたのだ。それには過去六カ月のあらゆるディテールを集め、スポンサーシップを実行するために行ったすべてのすばらしい仕事を、改めて考えることが必要だった。だから、スポンサーシップの年次報告書をたった一冊まとめるのに、何時間もかかったのだ。

二年目になると、われわれも賢くなり、年次報告書の準備をシーズンの初めからスタートさせた。スポンサーの消費者プロモーションのために新聞広告を出したときは、その広告を切り抜いてスポンサーのファイルに入れた。スポンサーの消費者プロモーションのためにラジオスポットを流したときは、メディアのスケジュールをわれわれのコンピュータのスポンサーのファイルに転送した。このように、スポンサーに関わる活動が行われるたびに、それがファイルされた。シーズンの終わりには、すべての情報を順序正しくまとめれば、一時間ほどでスポンサーシップの年次報告書が見事出来上がり、というわけだった！

確かに、われわれはシーズンの間中、年次報告書をまとめるために一分一秒という細切れの時間をとられた。しかしこうした時間は、シーズンの終わりを待ってスポンサーシップの年次報告書の準備をした場合、何時間もかかると予想されるのに比べれば、恐れるにたりない。

クライアントをヒーローにすることの二つの大きな利点を見てみよう。

クライアントを少なくともあと一年、友人（顧客）にしておける

あなたがクライアントをヒーローにするなら、競争相手に仕事をとられる恐れがあるだろうか。その心配がないばかりか、つけ込むすきもないくらい完璧なのだ！　あなたと手を切りたいというクライアントがいるだろうか。もちろん、いないだろう。

スタッフがはるかに効率的に仕事をするようになる

スタッフが、クライアントをヒーローにしようと努力しているときは、彼らは、はるかにすぐれた仕事をすることで自分自身をヒーローにする。

こうした二つの利点を与えてくれる代価は、ささやかなものだ。分秒単位の時間なのだから。考えていただきたいのは、この分秒の時間が最高の顧客の忠誠と、より効率的なスタッフを手渡ししてくれるということだ。代表として文句のつけようがないはずだ。

Test

❶クライアントをヒーローにするときの最も重要なステップとは何か。

◯クライアントをラスベガスへの接待旅行に招待する。

◯自分がすると約束したことを実行する。

◯クライアントの上役に、そのクライアントがヒーローであることを証明する。

❷クライアントの上役に、そのクライアントがヒーローであることを証明するプロセスの三つのステップとは何か。

◯第一のステップ

◯第二のステップ

◯第三のステップ

❸年次報告書というコンセプトは、あなたのビジネスにどのように応用できるだろうか。

❹「クライアントをヒーローにする」というコンセプトが使えない業種には、どんなものがあるか。

答え

❶「自分がすると約束したことを実行する」と答えた人がいるかもしれないが、その答えは間違いだ。あなたは自分が約束したことは実行するつもりだろう。しかし、それだけでは、あなたのクライアントをヒーローにはできないのだ。私は自分が約束した以上のことを実行しながら、それでも仕事を失う会社を見てきた。クライアントをヒーローにするための特別なステップをたどるなら、あなたは少なくともあと１年は友人（顧客）を確保できる。だから、この質問

に対する答えは「クライアントの上役に、そのクライアントがヒーローであることを証明する」である。

❷○「第一のステップ」すばらしい仕事をする。

○「第二のステップ」年次報告書を提供する。年次報告書は業種によってさまざまだろう。覚えておいていただきたいが、これは、あなたの会社がどんなにすばらしい仕事をしたかを文書化することによって、あなたの会社がどんなにすばらしいかを強調する手段なのだ。

○「第三のステップ」クライアントを持ち上げる。これは、あなたの会社の年次報告書を使って、クライアントをヒーローらしく見せることだ。これがクライアントの上役の手に確実に渡るようにすること。

❸われわれが年次報告書のアイディアを練り上げていたころ、一人の友人がある夜、私の家に立ち寄った。私が電話に出ている間に、彼はキッチンのテーブルの上にあったこの厚い本を見つけた。それはあるクライアントの年次報告書だった。彼はそのページをめくっていた。

私が電話を置くとその友人が言った。

「なんとまあ、この会社は君たちからすごい買い物をしたものだな」

彼が感心していることは明らかだった。私はうなずいてから、クライアントをヒーローにするというわれわれの哲学について彼に話した。

「そうだな、君たちは確かにそれに成功しているよ」と彼が言った。

「ぼくは、このクライアントのことは知らないが、彼がヒーローだと思うからね」

しばらくして、彼がこう尋ねた。「ぼくも自分のビジネスにこれを生かせないだろうか」(彼は不動産業界にいた)

「ぼくの場合、顧客にもう１年友人になってもらう必要はないんだ」と彼は言った。

「顧客に家を売ってしまったら、同じ客にもう1軒売るという可能性はない。もしもう1軒売るとしたら、それはあと7、8年たってからだ。それに、ある夫婦に家を売るときは、彼ら自身が自分たちの上役でもあるんだ」

「それじゃあ、その人たちを自分自身にとってのヒーローにすればいい」と私は言った。「ひょっとすると、人をたくさん紹介してもらえるかもしれないよ」

友人はそのアイディアを2、3カ月あれこれいじってから、ある形式を思いついた。それはわれわれのスポンサーシップの年次報告書ほど手の込んだものではなかったが、もしあなたが家を買ったことがあるなら、彼の報告書をもらってどう思うだろうか。

それは4ページからできていて、表紙には購入した家のカラー写真が貼ってあった。中扉には「家探し」という見出しがついていた。

この見出しの下には、その購入者が家を買いたいと思って探していたときに訪れた、それぞれの家がリストアップされていた。彼は、複合業者登録物件リストに載っている小さな写真を切り抜いて、その家を見た日付の横に貼った。見た件数が多い場合は、写真を貼るのは、彼らが最も興味を示した数軒だけにした。

次のページには、「選択」という見出しがついていた。このセクションでは、複合業者登録物件リストの写真とその情報が載せてあった。そして、なぜ彼らがその家を気に入ったのかが説明されていた。

その裏のページには、「交渉」と題されたセクションがあった。彼は、こちらからの申し入れと相手からの申し入れを、日付そのほかも入れて要約した。

同じページに、「資金調達」という見出しもあった。ここには、融資を受けた金融機関はどこか、契約した相手の名前、利率といった直接関係のある情報がすべて載っていた。そのページのいちばん下には、友人の写真と、売買手続が完了したときに彼が写したその夫婦の写真が貼ってあった。さらに、彼は自分の名前と住所、電話番号、それからファックス番号を入れた。これは、ふつう夫婦にとって最も大きな買い物であるその家の購入についてのすばらしい要約になっていた。

「ぼくはこれを４軒分作ってみたんだ」と友人は言った。

「その人たちは、これをあげるとかなり驚いていたよ。ぼくは彼らをヒーローにしたわけだ。それに、彼らの目から見てもぼくの仕事は申し分なかったと思うよ」

２、３カ月後、友人は、自分の年次報告書のおかげでおかしくなりそうだ、と言ってきた。私はなぜだい、と尋ねた。

「ぼくが報告書を作るたびに、こちらから頼んだわけでもないのに、紹介者が少なくとも２人は連絡してくるんだ」と友人は言った。

「報告書をあげた人たちは、それを友人に見せたくなるらしい。で、その友人たちが家を買うことを考えていた場合、家を買う過程で今の家も売るわけだが、ぼくに電話してくるってわけさ。そのことで驚きなのは、誰でも不動産周旋人を１人くらい知ってるはずだってことなんだ。それでもぼくに連絡してくるっていうのは、あの報告書のアイディアのおかげだな」

「それで何がまずいんだい？」と私が聞いた。

「だって、ぼくはずっと働きづめだもんで、ゴルフの腕がめっきり落ちてしまったんだ。こういうひどい状態だから、君からはアウトとインでツーストロークずつハンディをもらわなくちゃならないよ……」

❹取引が少額の小売商である。あなたが10ドルの商品を売っているとしたら、買った人をヒーローにできるかどうかは疑問だ。しかし、３万5000ドルのクル

マを売っているなら、間違いなく買った人をヒーローにできる。一つのやり方は、私の不動産業の友人にならうことだろう。もちろん見出しは違ってくるだろうが、コンセプトは同じように使えるはずだ。

第13章

「わが社ではいつもそうやってきた」は、何かが間違っている最初の警告

Jump Start Marketing ⑬

社内のスーパースターがやる気をなくす要素を排除せよ

「今日はどんな予定もやめにして、ランチをつきあってくれないか？」と、ある友人から電話がかかってきた。

私の唯一の予定は、近くのカフェテリアのスープとサンドイッチで簡単に昼食をすませることだった。友人の話しぶりには思いつめたようなところがあった。私は、彼はことによるとリストラの犠牲者なのかもしれないと思った。だが、それは違っていた。彼の方がリストラをすることになったのだ。彼は従業員をクビにすることになっていた。ランチを食べながら彼は言った。

「これが実際大変な仕事なんだ。ぼくとしちゃ本当につらいんだよ」

私はあまり同情する気にはなれなかった。

「そんなくだらない愚痴をぼくにこぼさないでくれないか。君にはまだ仕事があるじゃないか。君がクビにしようとしている人間には仕事がないんだぜ」

私は経験からものを言えた。どちらの立場にも身を置いたことがあったからだ。私は人々をクビにした。自分もクビになった。本当を言えば、人をクビにするのは愉快なことではない。しかし、自分がクビになる方がずっとつらいのだ。

私は解雇手当について聞いてみた。友人は、自分の会社はそんなにたくさんは出していないんだ、と言った。

「解雇手当をもっと多くしたらどうだろう」と私は友人に言った。「そりゃ時には変化も必要だろうさ。だけど、君たちが目指しているのは変化であって、その人をひどい目にあわせることじゃないはずだ。その人に解雇手当をもっと出すのには、りっぱな理由が三つある」

友人はじっと座ったまま聞いていた。

「第一の理由は、解雇された人のためだ。その人によそで仕事が見つかるよう公平なチャンスを与えるんだ。何と言っても、この人はエグゼクティヴであって、マクドナルドの調理係じゃない。同じような仕事に就くには、しばらくかかることもあるだろう。君が話していた人は悪い人間じゃない。ただ君とは違う哲学を持っているだけだ。それを責めちゃいけない。変化だけさせて、その人を苦しめないことだ」

「第二の理由は、君自身のためだ。君がそのためにどれだけのことをしたか考えてみるといい。自分が、その人をひどい目にあわせたりしていないと思えば気分もよくなるだろう。今夜はよく眠れるはずだ」

「第三の理由は、最も重要だ」と私は言った。

「これは残りの従業員のためだ。解雇というのは誰にとっても大変なことだ。しかし、君たちの従業員の大部分は、この人は去らなければならないんだ、と納得するはずだ。彼らはショックを受けることもないだろう。彼らが評価するのは、君がその人を車に乗せて時速一四〇キロで高速道路を走らせ、それから彼をドアの外へ押し出すようなことはしなかったということだ。従業員たちは、君が解雇した人たちを正当に扱うなら、解雇しない人々もきっと正当に扱ってくれるだろうと考えて評価するわけだ」

「この人たちは君の成功に欠かせない。彼らは君の秘密兵器なんだ」

私はこれまでワールド・チャンピオンシップを獲得したチームに関わったことがない。その気持ちは断然すばらしいだろうと想像できるだけである。それは、ファンが栄誉の分け前をもらっていると感じる以上のものに違いない。

ヒューストン・ロケッツの従業員が、一九九四年に自分たちのチームが初めてNBAのチャンピオンシップを獲得したとき、どう感じたか想像してほしい。しかし彼らがどんなに有頂天《うちょうてん》になっていたにせよ、それは長続きしなかった。アキーム・オラジュワンがロケッツをチャンピオンシップに導いた二週間後に、ヒューストン・ロケッツはフロントオフィスの従業員の七五パーセント以上を解雇したのだ。

これは、リストラのための戦略ではなかった。ロケッツの経営陣はただ、フロントオフィスには新しいスタッフが必要だと考えただけなのだ。それも大量の新しいスタッフが。

これほどドラマチックではなかったが、ポートランド・トレイルブレイザーズもスタッフの五〇パーセント以上を失ったことがある。これは、ロケッツのように従業員を一斉にクビにするというやり方ではなかった。こちらは一九九四〜九六年まで二、三年かけて行われた。六〇人以上の従業員が、ブレイザーズとチームが所有するアリーナを去った。彼らは解雇されるか、あるいは自分から辞めていった。一人の従業員は私に、自分は「ブレイザーズが自分の名前が書いてある弾を見つける」前に辞めたと言った。

こうした例はふつうのことではないし、「外の世界」にとってもふつうのことではない。しかし、多数の従業員が辞めざるをえなくなるという事態は確かに存在するのである。労働移動率が常に高い組織を見ると、私はマーケティングに携わる人間の思考法の癖が出て、次のように自問してしまう。

「いったい、こうしたタイプの組織では、スタッフは弾をよけるのに多くの時間を使っていて、どうしてクライアントをヒーローになどできるだろうか」

勤労意欲が改善すれば、人の移動もおさまる

労働移動率が高い場合、その会社の優先事項の一つはクライアントをヒーローにすることではないと断言できる。優先事項は職を確保することであって、クライアントをヒーローにすることではないのだ！

もし、前章のコンセプトが気に入って、自分のクライアントをヒーローにしたいと思うならば（そして、あなたはそうすべきなのだ。というのは、それはビジネスを築き上げるためのすばらしい方法なのだから）、その立場に立つためにとるべきステップが二つある。このステップを導入するのに、あなたが会社の社長である必要はない。部門の長であればよいのだ。

もし誰もあなたに報告してくれる人がいなくて、しかも労働移動率が高い職場であるならば、あなたがとるべきステップは一つしかない。一日遅くまで会社にいて自分の履歴書を作成して、あなた自身が別の会社に移るのだ。

報告してくれる人がいる人には、少なくとも自分のスタッフの労働移動を止める方法として以下

の二つがある。

⑴自分の仕事の重点を新進のスーパースターに置き、やる気が乏しい人たちはほうっておくかクビにする

ビジネスのマネジャーはたいてい、ＮＢＡのヘッドコーチのように考える。ＮＢＡのヘッドコーチというのはいつも、才能はあるがやる気が乏しいか、仕事に対してだらしない選手を抱えているものだ。そのコーチは、法外な時間を費やしてこうした選手にやる気を起こさせるか、仕事上の習慣を改善しようとする。

こうしたコーチは夜遅くまでかかって、この種の難問を解決しようとする。そんなことはやめて眠るべきなのだ。私は最もすぐれたコーチやビジネスのマネジャーで、やる気が乏しい人間にやる気を起こさせる方法にかかずらって、自分の胃をこわしてしまった人を何人か見てきた。やる気が乏しい人間は、そんなことは気にもかけないのだ。やる気が乏しい選手にやる気を起こさせる最もよい方法は、やる気を起こさせようとしないことだ。時間とエネルギーは、新進のスーパースターにかける方がよい。この人たちは、すでに向上したいと思っているのだ。ほんの少しの助けと世話があれば、彼らはみるみるうちに成長するだろう。

夜遅くまでかかって、新進のスーパースターを、どうやったらもっと早く成長させられるか考えるとよい。特典と引き立て？　そうだ、これは新進のスーパースターにこそ与えられるべきなのだ。これはえこひいきではないのか。確かにそのとおり。あなたは自分の部署か会社とあなたを向上

させてくれる人たちに、特に目をかけているということである。

誰もが平等に扱われるべきではないのか。もちろんそうではない。多くの場合、やる気が乏しい従業員（あるいは選手）は新進のスーパースターよりも注意を集めるものだ。これではどう考えてもおかしい。

あなたの時間とエネルギーを新進のスーパースターにかけるなら、彼らをよその会社にとられる可能性は少なくなるだろう。彼らは学びながら向上しているのであり、ポジティヴな注目を浴びせてくれる上役に恵まれているのだから。

このタイプの注意を新進のスーパースターに注ぐことで、あなたは自分の部署の新しい従業員に対してどんなメッセージを送っているのだろうか。新しい従業員は、一生懸命に働けば必ずよいことがあると気づくことだろう。それから彼らは選択をするだろう。たいていの人たちは、もう少しだけ努力して上司のお気に入りの仲間に加わる方を選ぶはずだ。

これは、やる気の乏しい従業員に対して、あなたが暴君になるべきだという意味だろうか。そんなことは決してない。そうした人間はただありのままに受け入れるとよい。その人間をネガティヴに扱ってはいけないが、その人を「救える」と思ってエネルギーを使ってもいけない。そのエネルギーは、新進のスーパースターを後押しするのに使うこと。

(2)あなたの新進のスーパースターを成功させるようなシステムと手順をつくりだす

数年前、ポートランド・トレイルブレイザーズの組織について記事を書いていた、ある新聞記者が私に尋ねた。

「あなたは人にやる気を起こさせる人に違いない。ここでは皆が仕事熱心でエネルギッシュに見えます」

私はこれを聞いてうなずいた。そして言った。「その秘密は二つあるんです」

その記者はボールペンをクリックするとメモ用紙の上で構えた。

私はちょっと間を置いた。私はこれを最も効果的に相手に伝えたかった。

「第一の秘密は、私はやる気のある人しか雇わないということです」

「第二の秘密は、やる気を失わせるようなことはしないように心がけていることです」


私は、やる気のある人の気力をそぐようなことはしない、ということにかけてはかなりうまくいっていると思っていた。私がそれを本当に学んだのは、ブレイザーズを去った後、ほかのチームや会社でコンサルティングをしていたときだった。

あるチームのコンサルタントになって最初にめんくらうのは、問題を抱えているチームには人を成功に導くようなシステムがない、ということだ。そこにあるシステムは、従業員が最大レベルの成功にいたることを許さないのである。

いったいどうしてそうなるのか。何と言っても上役というのは成功したいのではないか。多くの場合、彼らの収入は会社の成功と結びついているのだ。

国中を探しても、成功を望まない上役は一人も見つからないと思う。すべての上役は成功を望んでいるのに、どうして部下が成功する可能性を実際に制限するような障害物をもうけるのだろうか。それは、浮き世離れしていることへのコンプレックスかもしれない。特典が彼らの考え方をゆがめているのかもしれない。

彼らが、新しいことを試して障害物を取り除くのをこわがっている理由は、右のすべてだとも考えられる。このように、成功していない会社はふつうシステムに欠陥があり、たくさんの厄介な規則や規定によって従業員にその誤った道を進ませようとする。その道から離れようとする従業員は自分から辞めるか、クビになるか、あるいは村八分になるかのいずれかである。

もしあなたが会社の社長か部長か、あるいはマーケティングの「テロリスト・グループ」のリーダーなら、欠陥のあるシステムの中で捜すべきものがある。もしこうしたものを見つけたならば、話は簡単だ。あなたの影響力の範囲内で変化が必要なものを変化させればよい。

社員が成功することを許さないシステムをつくりだす可能性のある領域は二つある。この二つの領域は、やる気が乏しい従業員には大事にされるが、新進のスーパースターからは軽蔑される。

「わが社ではいつもそうやってきた」これは、何かが間違っているという最初の警告である。

私がデンバー・ナゲッツにいた九〇日の間に、私はたくさんの質問をした。その一つは、当日券を買う客を引き寄せるために利用された試合当日の広告だった。

「新聞広告とラジオのスポットで一ゲーム当たり五〇〇〇ドルも使っているが、これはどうしてだね？」

「うちではいつもそうやってきましたから」という判で押したような答えが何人かから返ってきた。

注意信号！

当日券購入者がもたらす入場料収入は、八〇〇〇ドルにすぎなかった。われわれは八〇〇〇ドルを得るために五〇〇〇ドル使っていたのだ。

私は次のように尋ねた。「試合当日の広告に五〇〇〇ドル使わなかったらどうだろうか。それでも一ゲーム当たり八〇〇〇ドルの当日券収入は入るだろうか」

「たぶん入るでしょう」

われわれは、試合当日の広告をやめた。当日券の入場料収入はおよそ八〇〇〇ドルのままだった。もし彼らが「いつもそうやってきましたから」よりもましな答えをしていたら、私はただうなずいて別の話題に移っていたことだろう。しかし、「いつもそうやってきました」というのはほとんどいつも、何かを変えなければならないという注意信号なのだ。

注意信号が出ても、もとのままで変わらないことが重なると、新進のスーパースターの成長を遅らせる障害物が増えることになる。こうした障害物は、やる気が乏しい人たちを悩ますことはない。彼らはこうした注意信号にも心をわずらわされることがないのだ。やる気が乏しい人たちは、あなたが、いつもやってきたやり方を変えようとすると、感情をあらわにするだろう。

そこであなたにできるのは次のいずれかである。

◯これまでのやり方を続ける。やる気が乏しい人たちは安泰でいられると感じるだろう。新進のスーパースターはフラストレーションを感じて離れていこうとするだろう。

◯これまでのやり方の改善に着手する。新進のスーパースターはそれに気づき、自分たちが大きく成長する機会を手にしていると感じるだろう。やる気が乏しい人たちは肩をすくめ、ため息をつくが、相変わらず何も変えようとはしないだろう。

「私はある秘密を知った。労働移動率が高い企業では、従業員たちはCIAによって訓練されているらしい。見たところすべてが秘密なのだ。私が言っているのは、コカコーラの秘密の製法といったものではなく、日常的な物事についてということである。これは秘密の力の悪用だ」

コンサルタントとして、私は、ばかげた秘密主義から生じる、次のような驚くべき実例を見てきた。

スポンサーシップ・セールスの秘密

多くのチームは、自分のセールススタッフにどんなスポンサーシップがいくらで売れたか言おうとしない。私は、あるチームのスポンサーシップ担当副社長にその理由を尋ねた。

「われわれは競争相手に、うちのスポンサーが誰で、それぞれいくら払っているか知られたくないからです」

これではCIAの訓練のようだ。

「しかし、それではおたくのセールススタッフにも、何が売れていて何が売れてないか、はっきりわからないでしょう」と私は言った。

「いいえ、わかります」とそのスポンサーシップ担当副社長は言った。「まだ売れていないものについては、私が必要に応じて口頭で彼らに伝えますから」

知る必要性から言えば、スポンサーシップのセールススタッフは、何がいくらで売れ、何が残っているか知っているべきではないかと思う。

ある時、私は冷戦が終結した後、スパイたちは皆どうなったのだろうと思ったことがある。いま、その答えがわかった。彼らの多くは結局チームスポーツへいったのだ。

●予算の秘密

私がニュージャージー・ネッツのコンサルティングを始めたとき、予算について知っている人間は、会長と最高財務責任者の二人しかいなかった。部門の長たちは、自分の部署の予算ですら知る必要があるとはされていなかった。支出はすべて、会長か最高財務責任者の承認を受けなければならなかった。経験法則は何事にもお金を使うな、だった。別の言い方をすれば、「ひたすら節約に努めよ」となる。

右の例は極端に思えるかもしれないが、このバリエーションはどの会社でも多く見つかる。なぜだろうか。冷戦の終結によって、そんなに多くのスパイがビジネス界に入ってきたのだろうか。

もちろん、簡単な解決法がある。すべての秘密扱いをやめることだ。ほぼすべての、という方がいいだろう。製法の秘密を明らかにするわけではないからだ。サラリーも公開はしないだろう。それ以外のすべては秘密扱いにしないということだ。この秘密扱いを解かれた情報のいくつかは、競争相手の手に渡るのだろうか。場合によってはそうなるだろう。スタッフの何人かは、この秘密主義という力の基盤を失って憤慨するだろうか。たぶんするだろう。

しかし、ほぼすべての秘密扱いをやめれば、新進のスーパースターの成長を遅れさせる障害物を取り除くことになる。それによって、彼らはより大局的な見地から考えることが可能になる。それは彼らの成長を促すだけでなく、あなた自身の成長をも促すことになる。さらには、あなたの部署や会社をも成長させることになるのだ。

労働移動率が高い企業で犯人をつきとめるのはやさしい。トップを見ればよい。労働移動率が高い原因が管理人にあったなどという話は聞いたことがない。

理由が何であれ、そのトップの人間が当面はその会社を経営しているのだ。その会社は、短期的な成長によって生き延びている。しかし、将来はどうなるかわかったものではない。人々が動くので、チャンスに恵まれているように見えるかもしれないが、本当のチャンスはトップが入れかわって、過去のギロチン作戦の埋め合わせをするためにジャンプ・スタート・マーケティングに頼らざるを得なくなったときに訪れるのである。

Test

❶会社にとって重要な従業員の労働移動率を下げるために、とるべき二つのステップとは何か。

❷従業員がその能力を最大限に発揮して成功にいたることを許さないような、欠陥のあるシステムをつくりだす二つのものとは何か。

❸あなたの組織で「いつもそうやってきた」ことで、今変える必要があるのは何か。

答え

❶○自分の仕事の重点を新進のスーパースターに置く。やる気が乏しい人たちは、ほうっておくかクビにする。

○あなたの新進のスーパースターを成功させるようなシステムと手順をつくりだす。

この答えはやる気が乏しい従業員を怒らせるかもしれない。こうした従業員たちは、生産的であることよりも年功序列を信じている。この人たちは上位の地位に就いていて、おそらく給料も高いから、辞めることはほとんどない。辞めるのはもっと若い新進のスーパースターだ。しかし、この人たちを辞めさせるわけにはいかない。

新進のスーパースターを成功させるようなシステムをつくることによって、やる気が乏しい従業員たちは最後には数で負けるだろう。彼らは仲間に加わるか、身を引くだろう。いずれにせよ、あなたの会社が勝つのだ。大きな労働移動はなくなり、あなたはいつもクライアントをヒーローにすることができる。

❷○「われわれはいつもそうやってきた」、これと対になるのが、「もしだめに

なっていなければ直すな」である。表面的にはこれは理屈に合っているように聞こえる。しかし、実際には、まだだめになっていないものを改善するように努めなければ、ある朝会社に行ってみたらそれは手のつけられない状態になっていることだろう。物事は変化する（すべては変化する）ものなのだから、だめになっていないものを改善することを企業のライフスタイルの一部にすべきなのだ。

○「私は秘密を知っている」これは誤った力だ。これが組織にはびこると、新進のスーパースターを追い出してしまうだろう。そうなると、あなたはやる気が乏しい年長の従業員たちと共に残されることになる。

「私は秘密を知っている」というのは、1950～60年代にかけてのテレビの長寿番組だった。しかし、あなたの新進のスーパースターを確保するために、その番組を打ち切るときなのだ。秘密主義はやめること！

❸これについては私の解説が不十分だったかもしれない。ここでは、事務用箋を取り出して、「いつもそうやってきた」ことを書き出していただきたい。優先順位は気にしなくていいから、ただ書いてみること。

あなたのリストに入っていても、正確には「いつもそうやってきた」ことの基準には当てはまらないものもあるだろう。それも気にしなくていいから、ただ書き出してみること。

「いつもそうやってきた」ことの基準に完全には当てはまらないという例を挙げてみよう。私がデンバー・ナゲッツにいた90日の在職期間の初めのころ、私はゲームの前にチケット売場に行ってみた。私がドアをノックすると、誰かが中から「どなたですか」と叫んだ。

私はドア越しに自分の名前を大声で言った。

ロックをはずす音が聞こえ、ドアがぱっと開いた。チケット売場のマネジャーが、廊下の右と左をうかがうように見てから、私に中へ入るようにと合図した。部屋の中では、4人の人たちが買いにきたファンにチケットを売っていた。私は30分ほどそこにいて、その人たちがチケットを売っている合間に話をした。

翌日、チケット売場のマネジャーが私のオフィスへやってきて言った。

「ナゲッツのエグゼクティヴがチケット売場に来られたのは、きのうが初めてでした」

私は笑って言った。

「あそこは、うちでも最も大切なオフィスなんだ。お金が入ってくる所だからね」

「そのことで、お話があって来たんです」とチケット売場のマネジャーは言った。

「実はのぞき穴のことなんですが」

「どういうことかね」

「社長がいらしたときに、ドアをノックされましたよね」と彼は言った。

「こちらからは社長のことが見えないので、私は大声で叫びました。社長も、ご自分の名前を中へ向かって大声でおっしゃる必要がありました。それはまあよかったんです。ですが、私たちの1人が洗面所へ行くとなると、ちょっとの間持ち場を離れなければなりません。あそこには現金がたくさんありますから、いったんドアを開けてしまうと、誰かが待ち構えていて中へ押し入り、強盗をはたらかないともかぎりません。ですから、のぞき穴が必要なのです」

「じゃあ、作りなさい」と私は言った。

「8年の間、私は作ってほしいと要求してきました。しかし、その要求はどこにも届かないのです。アリーナは市が所有しているのですが、私たちはナゲッツを通して要求することになっています。市とナゲッツは頻繁に交渉を行ってはいるのですが、のぞき穴はいつまでたってもできそうにありません」

「それで？　君はのぞき穴を作れる人を誰か知っているかね」

「はい」

「その人は今夜の試合までに作れるかな」と私が聞いた。

「大丈夫です」

「費用はどれくらいかかるかわかるかね」と私。

「75ドルかそこらでしょう」

「では作ることにしよう。君は、今回はのぞき穴作りの責任者だ。さっそく、とりかかりなさい」

チケット売場のマネジャーは立ち去った。

試合開始の少し前、チケット売場のマネジャーは私の居場所を探し当てた。私はテレビのインタヴューに出ていた。チケット売場のマネジャーは待っていた。数分後に私のインタヴューが終わると、チケット売場のマネジャーが言った。

「私と一緒に来て下さい」

私は彼の後についてチケット売場まで行った。われわれはドアのところで立ち止まった。そのドアには、きれいなガラスの、のぞき穴がはめ込まれていた。チケット売場のマネジャーはにこにこしていた。

８年間というもの、のぞき穴がないことがチケット売場のマネジャーと彼のスタッフを悩ませていたのだ。彼らは、経営陣は自分たちの安全など気にかけてはくれないと思っていた。チケット売場のドアはいつもその状態（のぞき穴がない状態）だった。ドリルとガラスの小片によってわれわれはそのすべてを変化させたのだ。

だから、「いつもそうやってきた」ことを書き出してみよう。ドアにのぞき穴がないといった一見ありふれたことでもよい。リストができ上がったら優先順位をつけてみる。

優先順位は二つのやり方でつけること。まず、「いつもそうやってきた」が、変える必要がある事柄の中で、最も重要なものから番号をつける。次に、「いつもそうやってきた」ことの中で、すぐに変えられるものから番号をつける。

そこで両方のリストの優先順位の高いものから仕事にかかろう。いますぐ、「いつもそうやってきた」ことを変える作業にとりかかるのだ。もちろん、のぞき穴がないドアも含めて。

第14章

買わずにいられない商品をつくる

Jump Start Marketing ⑭

意図的に〝よすぎる〟条件をもちかけよ

「これでは条件がよすぎます」と営業担当ディレクターが言った。
「それはどういう意味だね。それでは利益が出ないかね」と私が聞いた。
「いえ、確かに利益にはなりますが、これだとうちのファンには条件が〝よすぎる〟のです」と彼が言った。

私は、あぜんとした。私は「ハワイ冬期野球リーグ」のコンサルティングをしていた。これは選手啓発リーグで、メジャーリーグは特に優秀な若手スターたちをハワイに送り込んで、二カ月間野球の技能を磨かせた。日本や韓国も、最もすぐれた若い選手たちを送ってきた。このリーグを卒業した選手は、将来は世界中の野球のメジャーリーグでスーパースターになるはずだった。こうした若き天才たちが四チームに分かれて、一〇月から一二月に入るまで毎日試合を行うのだ。

野球としてはすばらしく、エキサイティングな試合だったが、一つ問題があった。誰も試合を見に行かなかったのだ。入場者数はひどいものだった。『フィールド・オブ・ドリームズ』の文句を借りるなら、リーグはつくったが誰も来ないというわけだ。誰も来なかったから、リーグのオフィスには赤字の海ができてしまった。

チームの一つがホノルルを根拠地としていた。われわれは小人数のセールススタッフを集めて、シーズンチケットをもっと売ることにした。二、三カ月の間に、シーズンチケットの売上げは一〇〇パーセント以上増加した。もとの数がシーズンチケット一〇〇〇枚なら大きな伸びとなるところだった。しかし、残念ながら、もとの枚数は一〇〇枚だったのだ。だから、二、三カ月後でも、売れたシーズンチケットはたった二〇〇枚にしかならなかった。その結果、消えた赤字はほんの一文字にすぎなかった。しかし、顧客の言うことによく耳を傾ければ、彼らが何を買いたいか教えてくれるだろう。

顧客の話を聞くことで、われわれは新しいチケット商品を考え出した。その一つがピクニックだった。もし読者が週末にハワイに行ったことがあるなら、ハワイの人たちはピクニックが大好きだということにお気づきだろう。われわれのピクニックでは、土曜日の試合のチケット、食べ放題・飲み放題、それにホノルル・シャークスの野球帽がついて二五ドルだった。

食べ放題・飲み放題で、二五ドルだって?

食べ物はバーベキューチキンとリブ、ホットドッグ、ハンバーガー、丸ごとのとうもろこし、ビーンズ、それにサラダ。飲み物はソーダとビールだった。

この利益率はかなりよかった。食費としてハワイ冬期野球にかかったのは、一人あたりちょうど七ドルだった。野球帽のコストは一ドル七三セントだった。だから現金でかかった費用は一人あたり九ドル以下で、利益は一六ドルを超えた。

このピクニックは、おそろしくよく売れた。ある若いセールススタッフは、一日で四〇〇〇ドル分を売った。別のスタッフは二〇〇〇ドル分売った。いまやわれわれは、その赤字をきれいに消すところまで進んでいたのだ。

「しかし、これでは条件がよすぎます」と営業担当ディレクターが再び言った。「何か削りましょう。野球帽なんかどうですか」

これには全く驚いたが、驚くほどのことでもなかったのだ。私は、こうしたことをいつも目にしてきた。それはスポーツの世界の内外を問わず、珍しいことではない。ジャンプ・スタートが必要な会社はふつう、新しい商品のアイディアは「条件が〝よすぎる〟」と言うのである。

意図的に条件が〝よすぎる〟商品にする

ある商品を、買わずにいられないほど、よいものにせよという課題を与えられた場合、選択肢は三つある。

⑴価格を下げていく

これは、ある商品を買わずにいられないものにする最も一般的なやり方である。価格を一〇パーセント下げて、何が起こるか見てみる。もしお客が買わなければさらに一〇パーセントから二〇パーセント、時には五〇パーセント下げる。価格を下げ続ければ、結局それはたぶん買わずにいられないほどよい商品になるだろう。

この方法が有効であるためには、商品の価値が元の値段で十分よいものとして認められる必要がある。たとえば、ハワイ冬期野球を見に行くことは、ホノルルでできる最も安上がりな娯楽の一つである。チケット代は六ドルしかかからない。それなのに、その値段では誰も買おうとはしなかった。価格を一ドル、あるいは三ドル下げてもたいした違いはなかっただろう。

バーガーキングのワッパーは、その一ドル七九セントの値段に見合う価値があると認められている。それが九九セントまで値下げされれば、消費者は飛びついて、ワッパーの売上げは大幅に伸びるだろう。

何万台ものクルマが一台二万ドルで売れている場合、三〇〇〇ドルの工場割り戻し金によって売上げが急激に伸びる可能性がある。消費者は、その商品に二万ドルの価値があると認めたのだ。それをたった一万七〇〇〇ドルで手に入れるということは、マットレスを切ってみたらそこに詰まっていた三〇〇〇ドルが出てきたようなものだ。

その商品に現在の値段に匹敵するだけの価値が認められなければ、価格を下げることは市場をかなり混乱させるおそれがある。値段を下げても、何も起こらなかったらどうなるだろうか。その値段でもお客はあまり買う気にならないのだ。すると、誰かが再び価格を下げるだろう。さらにもう一度。結局誰かがそれを買うことになる。

⑵価値を高める

商品の価値に対する認識が低いと、価格を下げてもあまりよい結果は生まれない。価値に対する認識を高めることが必要だが、それは難しいことが多い。より早く成果を上げるには、別の認められている商品の価値を借りてきて、それを元の商品につけ加える方がよい。われわれがハワイ冬期野球リーグのピクニックで行ったのが、まさにそれだった。食べ放題・飲み放題で二五ドルで、さらに野球帽がただでもらえて、おまけに試合のチケットまでついているんだって？　これは買わずにいられない商品だ。

私がニュージャージー・ネッツのコンサルティングを始めたとき、彼らは、私が知っている中で最も創造的なチームだと気づいた（チケットの値段を割引することにかけて創造的という意味なのだが）。私は、チケットの値段を下げる方法を、これほど多く思いついたチームは見たことがなかった。

すべてのゲームが、何らかのやり方で値引きされていた。実際、ある月などは牛乳のパックを使って割引の宣伝が行われた。「四ドルでネッツのチケットを手に入れよう」という見出しが牛乳パックの側面に印刷されていたのだ。そこには一〇試合がリストアップされていたが、そのいくつかはマイケル・ジョーダンやマジック・ジョンソン、あるいはラリー・バードが呼び物のビッグなゲームだった。ネッツのチケットの価格は広く値引きされていて、彼らはそうしたチケットの価値を確立していなかったため、「四ドルでネッツのチケットを手に入れよう」もひどい失敗に終わった。

値段を下げる代わりに、われわれは別の商品の価値を借りて、チケットを定価で売ることにした。これは魔法のようにうまくいった。たとえば、五ゲームのスペシャルプランを買うと、最高のゲームを見ることができた。一方、五ゲームのパッケージを買えば、パッケージに入っている試合ごとに景品を一つもらえた。それは五ゲームのパッケージごとに景品が五つついていたということだ。その景品とは、ネッツのバスケットボール、ネッツの帽子、ネッツのポスターなどである。さらに、この五ゲームでは、それぞれ違った特別アトラクションが行われた。あるゲームではフェイマスチキンを出演させ、別のゲームではバッド・ライト・デアデーヴィルズを出演させるといった具合である。われわれはファンが買わずにいられないものにするために、この五ゲームのパッケージに特典をふんだんに盛り込んだ。

牛乳パックの方は無残に失敗したが、この五ゲームのパッケージは一万二〇〇〇セット以上売って、一五〇万ドル以上の新たな売上げを得た。このセールスに努力していた最中に、七人のオーナーの一人がこう言った。「これは、ファンにとって条件が〝よすぎる〟んじゃないかね」

しかし、それはファンにとって「ネッツのチケットを手に入れよう」よりも金銭的な条件がよいわけではなかった。こちらは、チケットの価格の八〇パーセント引きという信じられない条件だったのだ！　五ゲームのパッケージの場合には、値段を下げることで差し引かれるはずのお金をいくらかとっておいて、それをネッツのゲーム観戦の価値を高めるために使った。チケットを八〇パーセント引きにする代わりに、われわれはチケットの価格の約五パーセントを、価値を付加するために使った。そしてわれわれは何千セットも売ったのだ。

ファーストフードのハンバーガー・チェーンが、『バットマン』のような人気映画と提携することで、バーガーの価値を高めるのは目にすることがあるだろう。彼らはバットマンの価値を借りることで、バーガーやフライドポテトを正規の値段で売る助けにしているのだ。金額の面から言えば、大幅な値引きの方がお客にとっては得だろう。しかし、ハンバーガー・チェーンにとっては、バットマンの価値を借りる方がずっと条件はいいのである。

その理由としては、次の三つが挙げられる。

バットマンのおまけをつける方が、一ドル以上も値引きするよりはるかにコストが少なくすむ。おまけは二〇セントですむかもしれない。場合によっては、お客がバーガーやフライドポテト、そしておまけにもっとお金を使ってくれることで、おまけのコストがカバーできるだろう。**一ドルの値引きは、いつでも一ドルのコストがかかるのだ。**

コストが少なくてすむ

バーガーを一ドル安くした場合、お客にとって直接利益にはなっても、一日で銘柄を変える気にはならないかもしれない。しかし、そのバーガーのフランチャイズでしかもらえないおまけは、競争相手からお客を引っ張ってくる、より強力な誘因になる可能性がある。

競争相手のお客を引き寄せる

人々は、バーガーとフライドポテトに対していつも同じ金額を払っていることになる。確かにおまけはもらうが、自分が買った食べ物は公正な取引だと自分を納得させることができる。大きなバーガーに九九セント払えばいいのだと思い込むようなことはない。

価格の健全性を維持できる

⑶値段を下げて価値を高める

これは、すてばちのやり方のように思えるかもしれない。そう思われてもかまわない。すてばちでけっこう。ただし、よすぎてお客が買わずにいられない何かを提供することだ。われわれは、かつてこれをニュージャージー・ネッツで実行して大きな成果を上げた。

われわれは、より人気のあるアトラクションを売り込んだので状態はずっとよくなっていたが、それでも誰も行きたがらないゲームがあった。ロサンゼルス・クリッパーズがプレーしにやって来たとき、ネッツのファンがどれだけ興奮できただろうか。ネッツの選手の妻やガールフレンドさえ、このゲームには行かなかった。まるで、ネッツの選手の妻やガールフレンドの姪にだけインフルエンザが襲ったかのように、彼女たちはクリッパーズ対ネッツ戦には姿を見せなかった。ただでゲームに行ける人たちでさえ来たくないのに、誰かにお金を払わせて行かせることなど、どうしてできようか。

われわれは思い切った、すてばちの方法をとった。価格を下げて、しかも価値を高めたのだ。われわれは、「ホワイトキャッスル・ファミリーナイト」というのを考え出した。

ホワイトキャッスルはアメリカ東海岸と中西部のハンバーガー・チェーンである。ホワイトキャッスル・ファミリーナイトはそのラジオのスポンサーシップの一環だった。ホワイトキャッスル・ファミリーナイトは月に一回あった。このプロモーションでは、お客は次のものを手に入れることができた。

○指定されたネッツのゲームの一六ドルのチケット四枚
○ホワイトキャッスルでの食事四人分。ホワイトキャッスルのバーガーはあまり大きくないので、四人分の食事の中身は、ハンバーガー一二個、フライドポテト四個、コーク四本だった。
○ネッツのバスケットボール一個
○ネッツの帽子一個

このすべてが三九ドル九五セントと郵送料で手に入るのだ。いま、東海岸で、三九ドル九五セントで家族でメジャーリーグのスポーツイベントへ行き、食事をし、さらに景品を二個もらえるところがほかにあるだろうか。この場合、一〇〇ドル以上の価値があるものを、たった三九ドル九五セントにしたのだ。

その三九ドル九五セントから、われわれはホワイトキャッスルに、食事のクーポン券を買い戻す代金として一枚につき一〇ドルほど支払った。またバスケットボールは二ドル、帽子は一ドルかかった（帽子は、台湾に一〇万個注文して作らせたので、ハワイ冬期野球リーグの時よりずっと安く入手できた）。現金による支出はおよそ一三ドルだったから、一回の注文あたり約二七ドルが手元に残った。

このホワイトキャッスル・ファミリーナイトは飛ぶように売れた。実際、ゲームはすべて完売になったのだ。

ネッツ対クリッパーズ戦に対しては、われわれはチケットを人にあげることもできなかっただろう。しかし、値段を下げて、しかも価値を高めたら、アリーナが完売したのだ。これらのゲームの入場料収入は、何もしなかったときに比べてほぼ倍増したのである。

この(1)～(3)の三つの方法のうち、どの一つを使っても利益は減るだろう。しかし、商品の利益率が高くても誰も欲しがらず買ってもくれないのと、おそろしく売れる商品で実際にみるみる収益が上がるのとではどちらがいいだろうか。

それはマーケティングではない

「チケット・パッケージでもう一つ、私が好きになれないのがあります」と、ハワイ冬期野球リーグの営業ディレクターが言った。

私は彼がどのプランのことを言っているのかわかった。彼が、ピクニック・パッケージが〝よすぎる〟と思ったのなら（食事代が二五ドルで、それにおまけの野球帽とゲームのチケットがついたもの）、当然、われわれが平均的なファンのために企画したパッケージも気に入らないはずだ。

「ファンにとって条件が〝よすぎる〟ということかね」と私は尋ねた。

「そのとおり。これでは全く条件がよすぎます。ふつうじゃありません」と言ってから、彼は言葉を切って考えていた。「これはマーケティングじゃない。ただファンに、買わずにいられないほどいい商品を提供しているだけです」

そのとおり！　彼はやっとジャンプ・スタート・マーケティングがどういうものかを理解し始めたのだ。ハワイの人たちが欲しがらない商品は、ハワイ冬期野球リーグの通しのシーズンチケットだった。ビジネスにした場合、そのゲームはお客を球場に呼び寄せられるほど有名ではなかった。それに平均的なファンが、長い本拠地シリーズの間に九日間に九回行われるホームゲームへ行きたいと一体どうして思うだろうか。

彼らが本当に望んだのは、球場でのピクニックだった。

彼らが本当に望んだのは、全部のゲームに行く必要がないチケット・パッケージで、買わずにはいられないないほど条件がよいものだった。ハワイ冬期野球リーグの二番目のチケット商品として、われわれは「五ゲームのシーズンチケット」をつくった。彼らは前の年に、同じような試み（六ゲームのパッケージ）を行ったが無残に失敗していた。このパッケージを買うと、一ゲームで一ドルの割引があったから、六ゲームで三〇ドルだった。彼らはこれを約六〇セット売った。これをシーズンチケット一〇〇セットに加えても、ゲームのうちのいくつかで前売できたチケットは一六〇枚だった。彼らのスタジアムは四三〇〇人を収容できたのだ。

　われわれがどうやって販売戦略を変え、チケット・パッケージの中身を作り替えたかは、次のとおりである。

一ゲームで一ドルの割引にはしなかった

六ドルというチケットの値段に問題はなかった。われわれは、一ゲーム一ドルの割引は買う動機にはならないと考えた。そのドルはむしろ、チケット・パッケージの価値を実質的に高めるのに使う方がいいはずだ。

ゲームは週末のみとした

家族連れは、何かするなら週末を選ぶだろう。五ゲームセットのパッケージでは週末のゲームだけ集めた。結局、二週間に一ゲームになった。

景品としてリトルリーグの野球バットがもらえた

スポーツ用品店に行って買えば、一五ドルくらいするだろう。リーグのコストは三ドル五〇セントだった。もしあなたに家族がいれば、チケットの一ドル割引と一五ドルのリトルリーグのバットとどちらを選ぶだろうか。子どもがいない人でも、おそらくリトルリーグの野球バットが欲しいと思っている子どもは何人か知っているだろう。

●さらに、ハワイ冬期野球リーグ公認の野球ボールがもらえた

店では、このボールは七ドルくらいした。リーグの値段は二ドルほどだった。

三〇ドルで、週末の五回のゲームのチケットと、さらに二二ドルの価値がある野球の道具がもらえるのだ。これはファンなら買わずにいられないタイプの商品だ。この商品を作るのに、ハワイ冬期野球リーグにかかったコストは、一ゲーム一ドルの割引より数セント多いだけだった。

誰も買わない商品を売り込む

私がアメリカ本土へ戻った後、営業ディレクターはリーグのオーナーに、チケット・パッケージが〝よすぎる〟ことを納得させた。彼は、景品のリトルリーグのバットをやめにすることにした。言い換えれば、彼は誰も欲しがらない商品を使って、お客に断られる売り込みをしたのである。彼は私からも断られた。私はむろん、消費者が見向きもしない商品のマーケティングはお断りだった。そんなことは誰だってできる。

人々がある商品を買わないのには理由がある。それは偶然に起こるわけではない。ジャンプ・スタート・マーケティングというのは、誰も欲しがらない商品を消費者に無理に押しつけることでは

ない。それは、誰も欲しがらない商品を取り上げて、その販売戦略を変え、作り直し、あるいは中身を入れ替えて、お客が買わずにいられないものにすることなのである。

Test

❶誰も欲しがらない商品を、お客が買わずにいられないものに変えるための三つの方法とは何か。

❷誰も買いたがらない自社の商品を一つ選んで、その販売戦略を変え、作り直し、あるいは中身を入れ替えて、それをお客が買わずにいられないものにしなさい。

❸誰も買いたがらない商品をお客が買わずにいられないものに変えた後、その商品をさらに改善しよう。それを驚くほどすばらしいものにするにはどうしたらよいか。

答え

❶○価格を下げる。

○価値を高める。

これはふつう、評価が確立している別の商品の価値を借りることによって行う。私がこの方法を好んで使うのは、ふつうはその方が値段を下げるよりもコストがかからないからだ。さらに、価値が加わることで、お客はよい買い物をしたと感じるものである。

○値段を下げて価値を高める。

もちろん、値段を下げて価値を高めるというのは、もっとすてばちなやり方である。これをするのは、ネッツ対クリッパーズ戦のような商品を突きつけられたときに限られる。

❷あなたは、これまで実際に誰も欲しがらない商品を取り上げて、それをお客が買わずにいられないものに変えたことがあるだろうか。

❸今やあなたは何かを達成しようとしている。これは途方もなくすばらしいことだ！　その商品が何かはわからないが、私も買ってみたいものだ。

第15章

どうすれば、バックルームを顧客のための部署にできるか

Jump Start Marketing ⑮

バックルームをマーケティング・ツールとして活かせ

各シーズンが終わると、プロのスポーツチームはシーズンチケット保有者に更新を勧める手紙を出す。ひどいシーズンを経験したばかりなら、トレードや選手のドラフトといった明るいニュースが出てくるまで待つこともある。ひどいシーズンの後では、ファンたちは「悲嘆にくれる期間」と、それに続くいいニュースが必要なのだ。スポーツですばらしいのは、ファンには立ち直る力があり、彼らが永遠の楽観主義者だということである。

ニュージャージー・ネッツの場合、悲嘆にくれる期間は毎年のシーズンの一部になっていた。われわれは、その期間は待っていて、その後選手のドラフトが終わってからシーズンチケットの更新を勧める手紙を出すことにしていた。

私がネッツへ行く前は、シーズンチケット保有者の二〇パーセントは、前のシーズンから立ち直れなかった。つまり、シーズンチケットを更新しなかったのだ。しかし、シーズンチケット保有者の六〇パーセントは元気なところを見せて、三〇日間の締切期限の前に頭金を送ってきた。残りの二〇パーセントが手ごわい保留者だった。

ネッツは、シーズンチケットではいつもNBAで最下位だったから、スタッフはこうした保留者をむやみに切りすてることもできなかった。これらの保留者の多くは、結局、シーズンが始まる一週間ほど前まで支払を延ばした。中にはシーズンが始まって一週間かそこらして、やっと払う人もいた。彼らは、ネッツが自分たちの更新を取り消したりしないと知っていたのだ。

これは、シーズンチケットをもっと早く更新した人たちにとって不利益になった。なぜなら、保留者の多くはよい場所の席を占めていたからだ。もし保留者がシーズンチケットをキャンセルすれば、われわれはシーズンチケットを更新した人に、そのよい場所の席へ移る選択権を与えた。しかし、キャンセルするのがシーズンが始まる直前だと、そうした移動は運営上難しくなる。そうなると、新規のシーズンチケット保有者に、そうしたよい場所の席が割り当てられる。これは、もちろん不公平だ。

私は、こうした状態を変えなければならないと思っていた。それには、シーズンチケットの保留者が本当に代金を払うつもりがあるのか、それとも、結局はキャンセルするのかを適切な時期に何らかの方法で知る必要があった。これは、たやすいことではないだろう。というのは、この保留者たちの中には何年もそうしてきた人がいたからだ。こうした人たちは電話をかけても答えないし、手紙を出しても返事をよこさなかった。

われわれは何らかの方法を使って、この人たちの感情を害することなく、その注意を引くことが必要だった。そのとき、思いついたのがゴム製のニワトリだった。

われわれは保留者一人ひとりに送るために、丈が九〇センチほどもあるゴム製のニワトリを仕入れた。これを縦一・二メートルの細長い宅配便の箱に入れた。この宅配便は何だろうと思って箱を開けないシーズンチケット保留者がいたら言ってほしいものだ。

好奇心にかられて、そのゴム製のニワトリを箱から引っ張り出さないシーズンチケット保留者がいたら教えてほしい。そのニワトリを引っ張り出せば、その人はニワトリが着ている小さな紙製のバスケットボールのタンクトップに書いてあることを読むはずだ。タンクトップの胸の部分には、「ファウルアウトしないで」（訳注＝「ファウルアウト」は反則による退場のこと）と書かれていた。

タンクトップの背中の部分には次のメッセージがあった。「あなたはファウルアウトしそうです！　でも、ベンチに行かずにプレーを続けることもできます。添付した手紙をお読み下さい」ゴム製のニワトリに添えられた手紙は次のとおりである。

親愛なるジョー

私たちは困った問題を抱えていて、あなたの助けが必要なのです。

これまでにシーズンチケットの更新をお願いする手紙を二回お送りしましたが、あなたからはまだ返事をいただいていません。いままでは、こうした状況は実際に問題にはなりませんでした。ただ、シーズンが始まるまで、私たちがあなたを悩ますだけでした。多くの場合、シーズンチケット保有者は、結局は更新し、更新しない人がたまにいる程度でした。

「更新しない人がたまにいる」ことが、困った問題を引き起こしました。九月か一〇月に、チケット保有者から更新しないという知らせがあると、たいていよい場所の席が空きます。これらの席は、シーズンチケットを更新した人たちの席のグレードアップがすんだ後で空くことになります。そのため、ときには新規のチケット購入者が、とてもよい席を手に入れました。結果として、長年チケットを買ってくれていた、もっといい場所へ移りたいと望んでいた人たちが、新しい購入者ほどのサービスを受けられませんでした。明らかにこれは不公平でした。

それを変えるため、私たちは早い段階で、どのシーズンチケット保有者に更新の意志があり、どの保有者にないのかを判断することが必要になりました。どの席が更新されないかがわかれば、長年買ってくれている購入者はその席に移る選択権を手にすることができます。

更新をお願いする二回の手紙の後、私たちは「ファウルアウトしないで」という手紙をお送りしています。この手紙の最後の最後、ぎりぎりの締め切り期限は七月一八日です。

更新したシーズンチケット保有者へのサービスのため、あなたの更新の最後の最後、ぎりぎりの締め切り期限は七月一八日としました。この日までに更新なさらなければ、現在のシーズンチケット保有者にあなたの席に移ってもらうことになります。

あなたのチケットをぜひ更新して下さい。今年も見ていただければこれまでにもまして楽しんでいただけると思いますが、私たちは更新した人たちにもサービスしたいと願っているのです。更新した人たちは私たちのチームの支えですから、チームとしてもこの人たちへのサービス向上を第一に考えたいと思っています。

最後の最後、ぎりぎりの締め切り期限は七月一八日の月曜日です。今日電話して下さい。

社長
ジョン・スポールストラ

追伸　もし今年は、シーズンチケットはいいとお考えなら、別のすばらしいプランをいくつか用意してあります。あなたにぴったりのものを見つけるために、同封のネッツの連絡先にお電話下さい。

ゴム製のニワトリは、シーズンチケット保留者から驚くほどの反応があった！　更新した人の割合は、ニュージャージー・ネッツの歴史の中で最高だった。シーズンチケット保有者の九三パーセントが更新したのだ。本当にこれがゴム製のニワトリのおかげかどうかはわからないが、ほかのどんな方法にもまして、それがシーズンチケット保留者の注意をとらえたことは確かだ。

何人かは笑いながら電話してきて、小切手を送ったと言った。友人にニワトリを見せたいのでもう一つもらえないだろうか、と言ってきた人たちもいた。すでに支払をすませているシーズンチケット保有者からも電話があったが、彼らはゴム製のニワトリがもらえなくて損したと思っていた

(この人たちにも一個ずつ送った)。

一人だけ少し混乱している人がいた。私がそのシーズンチケット保留者からの電話を受けたのだが、その人はインド出身の医者だった。彼の英語はどうにか理解できたが、ゴム製のニワトリを送るというアメリカ的なニュアンスはよくわからなかったようだ。

彼は言った。「私は大勢の看護婦の前で箱を開けたんだ。何か贈り物かもしれないと思ってね。どうして死んだアヒルなんか送ってきたんだね」

あなたが長いすに横になって次のように言えば、精神分析医は紙と鉛筆を下に置いて、真剣に話を聞いてくれるだろう。

「私は悪夢に出合って、ジャンプ・スタート・マーケティングを使いましたが、別の全く違う悪夢の中にほうり出されました」

「フーム……それについて話してくれますか」と精神分析医は言うかもしれない。

「悪夢から悪夢へ」は、私がニュージャージー・ネッツにいるときに起こった。私がネッツのコンサルタントになった最初の年、われわれはチケット・パッケージをあまり大量に売ったため、一定の時間内にそれらを処理することが不可能になった。言い換えれば、処理能力を上回る量を売ってしまったのだ。

多くの会社は、そうした問題を抱えてみたいものだと考えるだろう。しかし、このタイプの悪夢の真ん中にいったん投げ出されると、別のタイプのフラストレーションに出くわすことになる。中でも最悪なのは、あなたがこれらの新しいセールスを一つ成功させるたびに、「バックルーム（奥の部屋）」が不満な顧客を一人つくりだすことである。

バックルームのおきて

ところで、バックルームにいる、こうした悪い連中とは誰なのだろう。なぜ彼らは、あなたのセールスを台無しにしようとするのだろうか。

バックルームというのは、会社のタイプによって、製造部門だったり、組み立て部門だったり、あるいはネッツの場合のように、チケットの注文を処理する部門だったりする。バックルームはまた、経理部門の一部、特に請求書の発送と集金の業務を含むことがある。

ジャンプ・スタート・セールスがいったん軌道に乗ると、バックルームで大混乱が起きることは請け合いだ。それを避けることが可能かどうかは、本当のところ私にも確信がない。なぜバックルームがジャンプ・スタート・マーケティングへの適応に遅れるのか考えてみよう。

これまでのセールスのペースがどんなものであったにせよ、バックルームは注文の処理をあまり急いで済ませることがないように、それに適応してきたのだ。バックルームが、注文を急いで処理してしまったからといって、トランプをしたり、さもなければ仕事の時間を短縮しても見て見ぬふりをするマネジャーがいるだろうか。バックルームの安全を保証する唯一の方法は、ゆっくりめのペースで注文を処理し、しかも処理している間は忙しそうに見せることである。これが「バックルームのおきて」なのだ。

非効率的なバックルームのシステム

バックルームが注文を処理するのに、自分たちでもっと効率的なシステムを導入すれば、それは自殺行為になる。より効率的なシステムはバックルームのおきてを破り、一時解雇をもたらすからだ。

バックルームは、セールスの突然の活況には適応することができる。組織の中に十分な融通性がある場合、従業員が処理のスピードを多少上げても大混乱は起こらない。しかし、新しい注文が殺到すれば、非効率的なシステム全体が動かなくなってしまう。

ネッツでジャンプ・スタート・マーケティングを始める前に、私はチケットを処理する場所であるネッツのチケット売場の状態を調べた。チケット売場はもちろんきわめて非効率的だった。それは珍しいことではなかった。プロのスポーツチームではこれがふつうだったのだ。チケット売場の人たちと話してみて、彼らはちゃんとした職業意識を持っているから、難題にも十分対処できるだろうと思った。だが私は間違っていた！

注文が押し寄せるようになると、それらは床に積み上げられた。その高さは一・八メートルほどに達し、すると、また別の山が積まれた。チケット売場では、この山をなくそうと長時間仕事をしたが、次の日になると、そのゆっくりとしか減らない山の上に、さらに多くの注文が積み上げられた。こうして、最初に送られてきた注文が山の底に置かれていた。山の底にあるから、最初の注文は処理されるのが最後になってしまう。最初に入って、最後に出る。これは、言い換えれば、最初に注文した客に最も悪い場所の席が割り当てられるということだ。

そのプロセスは、偶然の出来事によって少し変化した。誰かがその山にぶつかって山がくずれ、一面に散らばったのだ。山はすぐに元の高さになるように再び積み上げられた。しかし、最初にきた注文だけは相変わらず山の底になったままだった。

チケットの注文が順序よく処理されないと、セールス担当者か、お客が、チケットを捜してチケット売場に電話をかけてきた。処理すべき注文の山がいくつもあったから、チケット売場のスタッフは山をかき分けて捜す気分になれず、その結果、彼らは注文を取った人たちか、チケットを買った人たちに（時には両方に）フラストレーションをぶつけるという事態がしばしば起こった。

ジャンプ・スタート・マーケティングを恨む

注文がくればくるほど、バックルームはジャンプ・スタート・マーケティングを恨むことになる。注文が増えるのは会社にとってはいいことだが、バックルームは自分たちにとってはそれほどいいことだとは思っていない。どっちみち、彼らは同じ給料で、より多くの注文を処理しなければならないのだ。だから、ジャンプ・スタート・マーケティング以前の古きよき時代をなつかしく思うことになる。しかし、顧客の不満がつのるにつれて、彼らの懐旧の念は現実に引き戻されるかもしれない。

バックルームの主任はもちろん、注文を処理するために人を増やしてほしいと要求するだろう。それが、バックルームのおきて第二条「フルタイムの従業員を増やすよう要求せよ」だ。そこをより効率的な場所にすることについては何ら言及されない。注文が、吹雪のときの雪のように積み重なっていく状況では、それは思考プロセスには入ってこないらしい。

ジャンプ・スタート・マーケティングは、最初の注文が殺到しただけで終わるわけではない。ジャンプ・スタート・マーケティングの原則がより多く使われれば使われるほど、従業員はジャンプ・スタート・マーケティングがうまくなるのだ。言い換えるなら、バックルームの問題はなくならないだろう。問題がなくならないと知ったうえで、バックルームを、顧客の不満の源ではなくマーケティング・ツールにする方法として、二つのステップからなるプロセスがある。これは一〇〇人のパートタイマーの助けを得てスタートした。

一〇〇〇人のパートタイマー

この二つのステップは同時に行う必要がある。

(1)《今日、一〇〇〇人のパートタイマーを雇う》

ネッツのチケット売場の混乱ぶりを目にした私は、もしそれらのチケットの注文の重圧から脱しなければならないとしたら、一〇〇〇人のパートタイマーを雇うしかないと思った。こんな派手な言い回しを使ったのは、われわれはその注文を処理するのに必要なことは何でもしなければならなかった、ということを言いたかったからだ。チケット売場の人たちの負担を、これ以上増やすわけにはいかなかった。われわれはただちに、臨時雇いの従業員を入れることが必要だった。一日延ばしにしていれば、何百人というファンがますます怒りをつのらせることだろう。彼らは下手をすれば「テロリスト・グループ」にもなりかねない。セールスも、その利益が非効率的なバックルームによってもっていかれるのだから、さらに利益を上げるのは容易なことではなかった。

(2)《今日、より効率的なシステムづくりにとりかかる》

残念ながら、長続きのする、より効率的なシステムは、一日でつくることはできない。バックルームは長年、システムを非効率的にするために働いてきたのに、いまになって効率的なシステムにするよう求められるのか。冗談じゃない。システムを変化させたり、いじくろうとすれば、激しい闘いが起こるだろう。ジャンプ・スタート・マーケティングによるセールスの増加を処理するには、バックルームに新しいシステムをつくることが必要になる。

一〇〇〇人のパートタイマーを雇えば、バックルームの短期的な問題は片づけてくれるはずだ。しかし、一〇〇〇人のパートタイマーはあくまで応急的な、一時しのぎの解決策と考えるべきだ。本当の解決策は、バックルームのシステムを変えることであり、それには時間がかかることだろう。

ネッツの場合、それまで使っていたコンピュータによるチケット発行システムは、より大量の注文を処理するには能力不足だということがすぐ明らかになった。別のコンピュータ・プログラム、そしてハードウェアに変えることは、一晩でできる仕事ではない。コンピュータによるチケット発行のソフトウェアを扱っている六つの業者を調べてみると、それぞれに大きな欠点があった。まるでそのソフトウェアは、バックルームの人たちによって書かれたようなのだ。それは、彼らの仕事を少しだけやりやすくしてはくれるが、どれもマーケティングのプロセスの助けにはならなかった。

どうしたらいいかを話し合うミーティングで私は言った。

「うーん、これじゃあ、どうにもしょうがないな。自分たちのを書くことにしよう」

ここでバックルームの反撃が見られるわけだ。

バックルームの一人が言った。「コンピュータ・プログラムを初めから書くのは不可能です」

面白い。私は、その人が、ビル・ゲイツやポール・アレンが最初にソフトウェアのコードを書こうといろいろ試していたときに、彼らと話をしなくてよかったと思う。

われわれは、そのチケット発行のソフトウェアを「社長でも扱える」もの（つまり、ばかでも扱えると言うのと同じよう）にしてほしかった。適当なソフトウェア会社を見つけるまでに二、三カ月かかった。それがやっと見つかったので、われわれはマーケティングのプロセスを実際に強化してくれるようなバックルームのソフトウェアをつくるという急務にとりかかった。

自分の役目だと思えば、くちばしを入れてよい

バックルームは、ジャンプ・スタート・マーケティングをする人たちと顧客のためにそこにある。ではどうやったらバックルームを顧客のためのものにできるのだろう。

ネッツのチケット売場に注文が殺到する前に、われわれは新しい方針を取り入れていた。それは、チケットの注文はすべて八時間以内に処理する、というものである。迅速な処理によって、顧客は注文を出して二、三日後にチケットを手にするだろう。これはチームの中では非常に珍しいことだった。それはもちろん顧客のためである。

しかし、多くの場合、バックルームは自分たちは自分自身のためにそこにいると思っているように見える。こうしたバックルームでは、仕事は行われるものの、それはバックルームにいる人たちにだけ都合のいいペースとやり方に合わせたものだ。ジャンプ・スタート・マーケティングは当然、バックルームにも影響を及ぼす。「フロントルーム」がこのことを認識していないと、ジャンプ・スタート・マーケティングの原則も効果が少し弱まることになるだろう。もしバックルームが役に

立たず非効率的で顧客志向でないなら、ジャンプ・スタート担当のエグゼクティヴは口を出すことが必要だ。ジャンプ・スタート・マーケティングの担当者も会社も、エグゼクティヴに口をはさまないでいてもらうわけにはいかないのである。

Test

次のそれぞれの文は正しいか、それとも間違っているか。

❶バックルームはジャンプ・スタート・マーケティングに不可欠である。

正しい　　　　　間違い

❷1000人のパートタイマーを雇うことは長期的な解決策である。

正しい　　　　　間違い

❸ジャンプ・スタート担当のエグゼクティヴがバックルームの運営に口にはさんでも抵抗なく受け入れられるだろう。

正しい　　　　　間違い

答え

❶正しい

ジャンプ・スタート・マーケティングを行っている会社は、短期的には、よくある、つまり、後ろ向きのバックルームでもうまく切り抜けることができる。しかし、バックルームが反応を示さなければ、ジャンプ・スタートのテクニックがいつまでもうまくいくはずはない。

❷間違い

1000人のパートタイマーを雇うことは非効率的でわずらわしい。しかし短期的に見るなら、注文の受付が遅れるのに比べればよい代案だ。それは、バックルームを役に立つ、効率的な部門に作り替える間、クッションの役目をしてくれる。

❸間違い

部門というのは、自分の身を守ろうとするのがふつうだ。バックルームは、口をはさむジャンプ・スタート・マーケティングの担当者を喜んで迎え入れたりはしないだろう。反発が起こることは確かだ。しかし、バックルームがジャンプ・スタート・マーケティングを妨げるのではなく助けることが、明らかにどうしても必要なのである。

第16章

すてる顧客を選べ

Jump Start Marketing 16

大口の顧客と小口の顧客を区別せよ

自然法則① 試合に勝てばファンは来る

この法則は理屈に合っているように聞こえるが、実際は間違っている。

確かに、プロ・スポーツチームにとって、試合に勝てばそれに越したことはないが、勝ったからといって必ずファンが来てくれるとは限らない。その例は第1章に挙げておいた。しかし、私にとってこのことがより痛切に感じられる例は、ニュージャージー北部での一九九四～九五年のシーズンである。

そのシーズンを通して、NHL（北米ホッケー連盟）のニュージャージー・デビルズはすばらしく、わけなくスタンレーカップ（優勝杯）を獲得した。ネッツの方はひどい試合ぶりで、八二ゲーム中三〇ゲームに勝つのにも苦戦していた。しかし、そのシーズン中、ネッツの方がワールドチャンピオンのニュージャージー・デビルズより観客動員数は多かったのだ。

では、次のシーズンはどうだったか。

スタンレーカップを獲得したデビルズには、新たにチケットを買おうという人々が押し寄せたに違いない。それは確かだった。新たなチケットの販売でおよそ三〇〇万ドルがもたらされた。

あわれなネッツの方はどうか？ その同じ夏、ネッツはロックアウトに直面した。NBAは新しい合意のために選手組合と交渉していた。交渉の間、チームは選手の名前も写真も使うことが許されなかった。三〇ゲームに勝っただけなら、それはむしろわれわれのマーケティングには利点になったのではとお考えかもしれない。

しかし、マイケル・ジョーダンやシャックのプロモーションができなかったから、これは大変なハンディだった。われわれは新規のチケットの販売では四〇〇万ドルしか手にできなかった。それでもスタンレーカップのチャンピオンの新規のチケット販売を一〇〇万ドル上回っていた。

だから自然法則①は消してほしい。

自然法則② もし試合に負ければ、どんな顧客サービスをしてもファンをゲームに呼び寄せることはできない

繰り返すが、勝つに越したことはない。最高のマーケティングは、NHLのエドモントン・オイラーズのように七年間に五回優勝することである。

しかし、この法則も間違っている。

エドモントン・オイラーズは、勝つことがすべてであり、勝つことがマーケティングの最高の方法だから、勝てなくなったら、どんな顧客サービスをしてもファンをゲームに呼び寄せることはできないと考えた。彼らは自らの正しさを証明した。ただし、彼らは間違っていたのだ。

エドモントン・オイラーズがスタンレーカップを獲得してから年ごとに、シーズンチケットの数が減少していった。警報ベルが鳴ったはずだ。警告の旗が立ったはずだった。しかし、彼らは勝てばそうした問題は解決すると思っていた。下降は続いた。最後の優勝からわずか二、三年後に、チ

ームは深刻な財政危機に陥った。

ポートランド・トレイルブレイザーズにいた一一年の間、私はそんな目にあいたくはないと思っていた。私の在職期間中も、エドモントン・オイラーズとは違ってチャンピオンシップは獲得できなかった。

実際、われわれは平均的なチームでしかなかった。負けるより勝ったゲームの方がほんの少し多いというだけだった。しかし、ブレイザーズでは一一年間、ホームゲームはすべて完売した。それには顧客サービスが一役買っていたと思う。

スポーツチームの顧客サービスは、人がふつう考えるようなものではない。もし読者がアリーナのチケット売場でチケットを買ったことがあるなら、売手の態度が横柄だというので有名なことはご存じだろう。ポートランドでは逆の方向を目指した。一つ例を挙げてみよう。

ブレイザーズのシーズンチケット保有者の一人が顧客サービス部に電話をしてきた。

「私はチケットを自分の机にしまってあるんですが、いまは街を離れていて、しかもよそからやってくる大事なクライアントにチケットを渡す約束をしてしまったんです」

この種の電話は、たいていゲームの一時間くらい前にかかってきた。われわれはその客の名前をコンピュータに入力した。それを仮にジョーンズ氏としておこう。コンピュータで座席の場所も確認できた。

「ジョーンズさん、あなたのクライアントはチケットをどこで受け取ることになっていたんですか」とファン満足担当CEO（最高経営責任者）が尋ねた。ブレイザーズでは、顧客サービス部の名称を「ファン満足部」と改めた。各スタッフは、どんな問題でも解決する能力と栄誉ゆえにCEOの肩書きを持っていた。

「いいえ、そうじゃないんです」とジョーンズ氏は答えた。「相手のホテルへ届けさせるつもりだったんです」

「問題ありません。そちらへ電話してその方を呼び出しましょう。そして、代わりのチケットをVIPの留め置き窓口に用意してあるからとお伝えしておきます。それとも、もしその方がよろしければ、クライアントに電話したうえで、チケットをホテルまでタクシーで届けさせましょうか」

「タクシーの方がいいみたいですね。費用は私に請求してくれますか」

「いいえ、もちろんけっこうです、ジョーンズさん。お役に立てて何よりです」

われわれは、代わりのチケットのための証明書を書いた。もしそのチケットをクライアントにタクシーで届けるのに一〇ドルかかったとしても、われわれは満足だった。こうしたことは全ゲームですべてのシーズンチケット保有者に起こるわけではない。一シーズンで合計しても二〇ドルほどかかるだけだ。二〇ドル使うことで、実際は二万ドルに相当するシーズンチケットの更新が確実になったのだ。

もしわれわれがすべての顧客一人ひとりに対して一〇ドル使っていたら（ポートランド・トレイルブレイザーズの野球帽を仕入れ、それを顧客全員にあげるといったやり方で）、その結果はこれほどインパクトのあるものとはならなかっただろう。

われわれはジョーンズ氏に一〇ドル使っていただけではなく、彼が重要だと思った問題を解決していたのである。

ブレイザーズは、チームとしては相変わらずぱっとしなかった。興味にかられて、私は毎年、ジョーンズ氏のデータを追跡してみた。彼は五年間でわれわれに六万ドル以上使っていた。いずれにしても、彼はシーズンチケットの更新を続けていたかもしれない。しかし、毎年彼のシーズンチケットの更新の時期になると、ぱっとしないチームであるにもかかわらず、われわれにとって有利なことが起こっていたことは確かだ。われわれはジョーンズ氏の肩によい思い出が守護天使のようにとどまるようにしたのである。

この章のポイントを説明するために、私はビジネスで起こりがちな様々なことを考えていた。たとえば、一〇人以上の人たちが出席している会合で発言しないというのは、実際よくあることだ。また、休暇がだんだん近づいてきたときに、休暇をとるのはやめようと考えることはかなりよく起こる。休暇に入るほんの一日かそこら前になって、なぜいつも重大なことが起こるように見えるのだろう。これはよくあることではないが、重要な会議に向かう飛行機の中ではコーヒーをこぼしやすい。

しかし、**ビジネスで最も起こりがちなことは、得意客を失うことだ**。これは考えもしないときに起きることがある。少しも努力しなくても、ただ座っているだけで起きるのだ。

ご承知のように、新しい顧客を獲得するのは非常に手間暇がかかる。ジャンプ・スタート・マーケティングによって少しは楽になるものの、新しい顧客を獲得するには、頭を使って努力することが求められる。

ニュージャージー・ネッツでの個人的な経験から、私は顧客の獲得がいかに大変なことかわかっている。一から一〇までのものさしを使うなら（一が最もやさしくて、一〇が最も困難として）、ニュージャージー・ネッツの顧客を獲得するのは一二になる。ことによると、一五くらいかもしれない。

コンサルタントとして、私は新しい顧客を獲得するのが困難ないくつかの会社で仕事をした。こうした会社が新しい顧客を獲得する困難さの度合は九くらいだろう。ネッツと比べればやさしく見えるかもしれないが、顧客を獲得するのは並たいていのことではない。私はたとえ自分に対しても、それがやさしいなどと言ったことは一度もなかった。

顧客を獲得することがいかに難しいか知っていたから、私は会社がいかにたやすく顧客をすててしまうかにいつも驚かされる。私が言っているのは、彼らを意図的にすてるということではない。私が言いたいのは、得意客を競争相手に奪われたり、あるいは得意客にいつのまにか去られてしまったりする場合のことである。

不注意による顧客の切りすて

私は、**企業はどの顧客を切りすてるかをよく考えずに選んでいるという結論に達した。残念ながら、こうした企業が選ぶ顧客は小口であることがめったにない。たいていは、むしろ大口の顧客な**

のだ。こうした企業は、大口の顧客を捜し出して切りすてているわけではない。ただ、どの顧客を切りすてるべきかというシステムをつくり上げていないだけである。

ジャンプ・スタート・マーケティングの原則を使えば、新しいビジネスを獲得できる。ジャンプ・スタート・マーケティングが十分な成果を上げたと感じるためには、その新しいビジネスが、失われたビジネスにとって代わるのではなく、今あるもののうえに、新しいビジネスがつけ加わるのが望ましい。

そのためには、どのビジネスを切りすてるかというシステムが必要なのだ。このシステムは、顧客にわれわれを切りすてるかどうか決めさせるものではない。われわれの方がどの顧客をすてるかを決めるのである。

切りすてる顧客の選択を誤る二つの理由

企業が、切りすてる顧客の選択を誤るのには二つの理由がある。もしあなたが中位あるいは上位のレベルのエグゼクティヴなら、おそらく、この二つの理由は自分にはあてはまらないと感じるだろう。その感想を押し隠そうとする必要はない。ただ読みながら、こうした企業がいかに愚かか考えていただきたい。

この章を読んだら、第9章をもう一度読み返すことをお勧めする。その章の原則を使ってテストしてみると、自分はむしろ顧客に近いところにいるのだが、残念ながらこの章の二つの理由には少し思い当たるところがあると気がつくだろう。またあなたは自分の会社が少しばかり愚かで、それについて考えることもなく、顧客が離れるままにしていたことに気づくことだろう。

次がその二つの理由である。

(1)大口の顧客と小口の顧客を区別しない

航空会社は、マイレージサービスによって、このことを最もうまく解決した。私はユナイテッド航空に年に一六万キロ以上乗るため、通常の義務の範囲を超えたサービスを受けている。それはほぼ最高のサービスといっていい。

たとえば、長いフライトでは、客室乗務員がその飛行機の機長の名刺を渡してくれる。その裏には、自分の航空会社を選んでくれたことへの短いお礼の言葉とサインが書かれている、といった具合だ。

個人的な配慮に加えて航空券や座席のグレードアップのサービスがあるので、私はユナイテッド航空に乗ればいつも特別扱いを受けていると感じることができる。私にとって別の航空会社に変わることは難しそうだ。

ただ、それは私がそうした航空券の代金支払いに使っているクレジットカード会社には当てはまらない。

そうした支払いでは、自分の支出を記録しておくのは面倒な仕事である。それを少し楽にするために私はある方法を思いついた。それはそれほど複雑なものではなかった――私は一枚のＶＩＳＡ

のクレジットカードをビジネス関係の支払い専用にしたのだ。去年はそのVISAカードで五万ドル以上の支払いをした。

そのVISAカードを発行した銀行は、私を得意客として区別すべきだとお考えだろう。ほかの多くの銀行ではそうしているようだ。私のところへは毎日、銀行から自分のところのVISAカードがいかにすばらしいかを書いた手紙が送られてくる。

こうした銀行が郵便物の中に一〇〇ドル紙幣を入れていないよう願っている。私はいつもそれを開封せずにすてているからだ。もっとも最近、開封して中身を実際に読むようになった。私は銀行を変えようと思っているのだ。なぜか。私の「ビッグバンク」VISAカード会社は顧客の区別をしないからだ。

この会社がどのようにして区別に失敗したかをお話しよう。

珍しく私が家にいたある晩、「ビッグバンク」から電話があった。その係の女性は、先月分の小切手をまだ受け取っていないと言った。もちろん私は、支払いをすませていることはわかっていた。私は請求書がくれば、いつも全額払っていたからだ。だが、私は言われるままに自分の小切手帳を調べてみた。間違いなく、支払いはすんでいた。

しかし、相手は受け取っていないという。話しているうちに、これでは確かに、私が昔からある「すでに送ったからもう着くはず」という言い逃れをしているように聞こえるだろういう気がしてきた。

「ビッグバンク」の女性は、少なくも七〇ドル受け取るまでは手数料割引の特典は保留にすると言った。これには考えさせられた。

私は、勘定を踏み倒す人間でなく、人当たりのよい大学教授が話しているように聞こえるよう努めながら、次のように尋ねた。

「いまコンピュータで、私の顧客情報を見ているところですか」

「はい」と彼女は答えた。

「私はおたくの得意客の一人ですか」

「それにはお答えできません」と彼女は答えた。

「じゃあ、とりあえずそう仮定しておきましょう。誰もが年に五万ドルの代金をクレジットカードで払うわけではないですよね」

沈黙。

「おたくは七〇ドルのために、私を切りすてるつもりですか」

「そうです」

「私がおたくの得意客の一人でもですか」

「うちでは、一人のお客様をほかのお客様より優遇するようなことはいたしません。お客様にはすべて同じように対応することになっていますので」

私はそれについて考えた。新規の顧客の獲得を担当する銀行のマーケティング部門が、すべての人を同じように扱っているわけではないことは確かなのだ。メーリングリストを買うとき、彼らは収入や年齢といった一定の条件を設定する。現在の顧客に対しても同じことをしているのではないだろうか。ある顧客の支払いが未納になっているとき、コンピュータでは大口の顧客に印がついていて特別扱いをするのではないのだろうか。

私はそれを知りたかった。

私は銀行の社長に手紙を書いた。二週間後、アシスタントのアシスタントから返事が来た。社長に、浮き世離れしていることへのコンプレックスでもあったのだろうか。アシスタントのアシスタントは、手紙は顧客サービスへ回したと書いてきた。顧客サービス担当副社長からの手紙には、要するに自分たちには従うべき規則があるのだということが書かれていた。

これを言い換えるなら、もしあなたが七〇ドル払わなければ、こちらからお断りです、ということだ。

規則だって？ 大口の顧客にも本当に規則は当てはまるのだろうか。もちろん当てはまらない。大口の顧客を獲得するのは大変なことなのだ。大口の顧客に適用すべき唯一の規則は**「何が問題かを見きわめて、その解決を助けよ」**だ。

私のケースでは、「ビッグバンク」は問題には関心がなかった。彼らが関心があったのは七〇ドルだった。その関心のコストは五万ドルだった。もし「ビッグバンク」が私の規則を使っていたら、会話は次のようなものになっていただろう。

「小切手は一二月七日に送りました」と私が言う。

「スポールストラ様、いまの時点ではまだこちらに届いておりません」と「ビッグバンク」の顧客サービス担当者が言う。

「ですが、クリスマスの郵便物で配達が遅れていることも考えられますので、着くまでお待ちします。もう一週間みればよろしいでしょう。その間に新しい請求書がお手元に届くと思います。そうしましたら、それはいつもどおりお支払い下さい。ただし、それはたぶん一二月七日にお支払いいただいた分を反映していないと思いますので、その金額から一二月七日に小切手に書かれた分を差し引いた金額をお支払いいただければけっこうです。もしあなた様の小切手が届かないときは、お電話を差し上げますので、その場合は最初の小切手は無効にして、新しい小切手を書いていただきたいと思います」

なぜこうしたタイプのサービスをするのか。こうしたサービスをするには、人手と電話代でコストがかかるのではないか。確かにそうだ。しかし、新たに五万ドルの顧客を獲得するにはどれだけのマンパワーとお金がかかることだろう。現在の顧客の問題を見つけてその解決を手助けするのに比べれば、新しく大口の顧客を獲得する方が、コストははるかにかかるのだ。

「ビッグバンク」の場合、彼らは大口と小口の顧客を区別しなかった。私は、小口の顧客は粗末に扱うべきだと言っているわけではない。どちらの顧客も丁重に扱うべきだ。

しかし、大口の顧客は　より丁重に扱うべきなのだ。もしあなたに何百か何千、あるいは何万という顧客がいるとしたら、どうやって大口の顧客を区別したらいいだろうか。

「ビッグバンク」では、それはかなり容易にできるだろう。すべきことはただ、その大口の顧客とのコミュニケーションが必要になったときはいつでも、コンピュータ上に注意の目印が現れるようにしておくことだ。この目印が出てきたら、「より丁重な」サービスをするべきである。

⑵顧客を詐欺師のように扱う

これは、第一の点と共通したところがあると思うかもしれない。多少とも関連があることは認めよう。

顧客サービスについては、何百という本が書かれているにもかかわらず、顧客を詐欺師のように扱う会社がますます多くなっているように思う。

これが起こったのは、私がニュージャージー・ネッツに最初にコンサルタントとして入ったときだった。

ある日、ネッツのチケット売場に何気なく立ち寄った。ここのスタッフたちは、チケットの注文に応じるかたわら、顧客サービス部門も務めていた。この日は、その部門として電話に出た女性が、お客と盛んに言い合いをしていた。私はそこに立って聞いていた。ついに彼女は相手のお客に言った。「しばらくそのままお待ちいただけますか」

彼女は私を見た。「あなたならどうなさいますか」と彼女は聞いた。

「このお客は、私たちを食い物にしようとしてるんです」

私は、彼女がそれを悪い方に受け取ろうとやっきになっていることに驚いた。彼女は魅力的な性格の感じのよい人だった。ただし、この電話は別だった。

彼女は私に問題を手短に語った。このファンは、一つのゲームのチケットを八枚買ったのだという。ところが、何かの都合で彼はゲームに行けなかった。

さらに悪いことに、そのチケットをなくしてしまった。彼はこのなくしたチケットを別のゲームのチケット八枚と交換してほしいと言ったのだ。彼の要求は確かに厚かましかった！　チケットを商売にしている人間なら誰でも、あるイベントのチケットを使わなければ、無効になるのは当たり前だと思っている。チケットをなくしたのなら、それは本当に無効ということだ。

「そのお客に別のゲームのチケットを八枚をあげなさい」と私は言った。

「何ですって！　相手は私たちから、だまし取ろうとしているんですよ！」と彼女は抗議した。

「そうさせておきなさい」と私は言った。「だまし取りたければそれでもいい」

この女性はわれわれが食い物にされるのを許して、そのファンにチケット八枚を提供した。あとで、われわれは話し合った。

「このファンがだまし取ろうとしていることがどうしてわかったんだね。彼を知ってるの？」と私が尋ねた。

「ただそんな気がしただけです」と彼女は言った。

「もし彼がちゃんとした顧客だったらどうだろう。電話越しでは、誰が詐欺師で、誰がちゃんとした顧客か見分けるのはほとんど不可能だ。どうして自分で勝手に決め込むのかね」

私は彼女に、ひとシーズンで彼女が「詐欺」だと判断するような出来事が何件くらい起こるのか聞いてみた。

彼女は考えてから言った。「二〇件くらいです」

「われわれをだまそうというのなら、そうさせておけばいい」と私は言った。

「前のシーズンにわれわれが売らなかったチケットは二五万枚もある。だからもし詐欺師に一人当たり一〇枚やっても、まだ二四万九八〇〇枚も売れるからね」

チケット売場のスタッフには、相手を判断する役ではなく、カモの役をつとめてほしかった。言うまでもなく、カモというのは詐欺師がだます犠牲者のことである。

「もし同じ名前が出てくるようなら、私に知らせなさい。あるいは、こうした詐欺師たちがインターネットで、ネッツからチケットを手に入れる方法を公表したりしていたら、われわれで犯人を捜し出そう。それまでは、食い物にされるままでいい」

ネッツのチケット売場のスタッフがだまされやすいカモの役をつとめるようになると、彼らが顧客サービスを分担する割合が急に増えた。

彼らはどんな問題に対してもチケットを与えていた。彼らはヒーローになりつつあった。われわれは、チケットを何枚くらい与えたのか追跡した。そのシーズンは二〇〇〇枚以下だった。売れるチケットはまだ二四万八〇〇〇枚もあったのだ。

私は、チケット八枚を「だまし取った」あのファンを追跡してみた。実際には、何年もかかって彼のことが少しわかってきた。彼はおよそ八〇〇〇ドルのシーズンチケットを買う前に、三シーズンの間に一万ドル以上のチケットを購入していた。

彼は本当にチケット八枚をだまし取ったのだろうか。そんなことはどうでもいい！　次のフォーシーズンの間に、彼はネッツから一万八〇〇〇ドル相当のチケットを買ったのだ。

ネッツの試合ぶりを考えると、次のように聞かれてもおかしくはなかった。「誰が誰をだましたんだ？」

何が問題かを見きわめて、その解決を助けよ

チケット売場の女性が私に言った。

「チケットを詐欺師に与えるのは私には苦痛ですが、そうしてみます。ですけど、私たちにはこうした場合のためのマニュアルが必要です」

私も同意見だった。そこで彼女にペンと紙を借りて書き始めた。書き終わると、その紙片をセロテープで壁に張った。それにはこう書いてあった。

「何が問題かを見きわめて、その解決を助けよ」

「これがそうですか」と彼女が聞いた。「これが私たちのマニュアルですか」

「そうだよ」と私が言った。

さていままでは、二つの点がどう関連しているかがおわかりだろう。私はどの顧客も失いたくはない。しかし、顧客が去っていくことはありうるのだ。顧客がリストラにあって失業したり、不幸にも死亡したりすることもあるだろう。

ポートランド・トレイルブレイザーズのシーズンチケット保有者が死亡して、タイミングよくそれがわかったときには、われわれはいつも花を送った。これはマーケティングが目的ではなく、思いやりのある会社として行ったことだった。

会社は顧客を失うことをとめることはできないが、大口の顧客を失うことは、もし小口の顧客と

の区別をしていればとめることができる。大口の顧客を失うのは実際、痛手である。それは収益に直接打撃を与え、さらにはジャンプ・スタート・マーケティングがもたらすはずの本当の成果を弱めてしまう。最大の痛手は、本当の理由がわからないまま大口の顧客を失うことなのだ。

Test

❶会社が間違った顧客を選んで切りすててしまう理由を二つ挙げよ。

❷大口の顧客を扱うための規則とは何か。

答え

❶会社が間違った顧客を選んで切りすててしまう二つの理由は次のとおり。

○大口の顧客と小口の顧客を区別しない。

すべての顧客が平等だと考えるのは、すべての従業員が平等だと考えるのと同じくばかげている。ここでは人権の話をしているわけではない。ビジネスにとっての重要性のことを言っているのだ。たとえば、あるセールススタッフはスーパースターだが、いつも会議に遅れるとしよう。そのスーパースターが、遅刻を理由にクビになることはない。しかし、別の従業員ならクビになるかもしれない。顧客にしろ従業員にしろ、会社にとってより多くの利益を生み出す人間を不注意に切りすてていることがある。それを見ずに、大口の顧客と小口の顧客、あるいはセールスのスーパースターとなまけ者を区別しないことが正しくて公平なことだと思っているとしたら、ビジネスとしては失格だ。

○顧客をすべて詐欺師のように扱う。

私は自分で考えたこれへの対処法が気に入っている。だまされやすいカモになるのだ。顧客に与えればいい。しばらくこれを続けると、会社はカモになるのは楽しいことだとわかり、顧客が詐欺師に見えることがだんだん少なくなるだろう。

❷何が問題かを見きわめて、その解決を助けよ。これはもちろん、すべての顧

客に対して使える。大口の顧客の場合は、問題の解決にあたって少しばかり気をきかせる必要がある。たとえば、私の「ビッグバンク」の例で言えば、アシスタントのアシスタントから返事を受け取るのでなく、私が手紙を出した人間、つまりその銀行の社長から手紙を受け取ったとしたらどうだろうか。

私は時間を使ってその社長に宛てて書いたのだから、彼が返事をよこすのが当たり前ではないかという気がするのだ。彼が忙しいのはわかっている。しかし私も忙しいのに時間を割いたのだ。もちろん、アシスタントが手紙を書いて社長がサインし、顧客サービス担当副社長に回したと言うこともできただろう。アシスタントのアシスタントの手紙と社長の手紙との唯一の違いはサインと追伸である。社長の手紙では、もしまた何か問題がありましたら私にご連絡ください、と書くこともできただろう。

社長が私の手紙を見もせずに、アシスタントが代わりに書いて返事をよこしたのではないかと思ったとしても、私には知るよしもなかっただろう。しばらくして、私は社長がその手紙を個人的に書いたと確信したとしよう。私は「ビッグバンク」を切りすてただろうか。もちろんそんなことはしない。社長と私はよい友だちであり、ペンパルになったのだから。

第17章

六〇万ドルと三万二〇〇〇ドル、どちらを選ぶ？

Jump Start Marketing ⑰

経営がきびしくなったら、
セールススタッフ（変動費）を増やせ

スペインのプロ・バスケットボール・リーグ（ACB）が、スペインのバルセロナで、チームのオーナーに向けた一日だけのマーケティング・セミナーを担当してくれないかと言ってきた。私は引き受けることにした。

言葉の違いを乗り越えるために、ACBはスペイン大統領の個人的な通訳を雇ってくれた。彼は私の後ろの防音室に座り、オーナーはそれぞれイヤホンをしていた。私がしゃべると、その通訳者が同時に通訳してくれる。すごいことをする人がいるものだと私は思った。

このよしあしを知るには、冗談を言ってみればよい。もしある通訳者が冗談を翻訳できるなら、何でも翻訳できるということだ。私はその通訳者を早いうちにテストしてみた。短いジョークを二、三言ってから聴衆の反応を観察した。もし彼らが黙って座っているだけなら、ジョークが面白くなかったか、あるいは通訳がうまく訳せなかったということだ。聴衆が笑ったので、私たちは始めることにした。

アメリカ以外のプロ・スポーツチームには、アメリカのプロ・チームにあるものが基本的に一つ欠けている。それはマーケティングだ。これはスペインであれ日本であれ、あるいはブラジルであれ、世界中の国に当てはまる。ACBは、NBAについで世界で二番目にすぐれたバスケットボール・リーグと言ってよいが、各チームは、そのマーケティングを強化する必要がある。

そのことを強調するために、私は各チームがチケット担当のセールススタッフを少なくとも一人雇うように勧めてみた。外国のチームのほとんどは、ファンはゲームに来たいと思えばやって来ると信じている。しかし、今日の経済状況で、選手の給与の現状を考えるなら、そうした信念はもははや通用しない。世界中のチームがマーケティングを必要としているのだ。

これを強調するために、私はペセタの札束を取り出した。そして一〇〇ペセタ札を一枚差し出してこう言った。

「誰か、この一〇〇ペセタ札の代わりに一〇ペセタ私にくれませんか」

そのスペイン人オーナーたちは、頭がおかしいんじゃないかというように私を見た。あるいは通訳がうまく訳せなかったのかもしれない。私はもう一度尋ねた。

「誰か、この一〇〇ペセタ札の代わりに一〇ペセタ私にくれませんか」

私はその札をひらひらさせながら部屋の中を歩き回った。

一人のチーム・オーナーが、ポケットに手を入れて一〇ペセタ硬貨を取り出すと、それを高く掲げた。私はそれに飛びついた。交換がすむと、私は彼に一〇ペセタ硬貨をもう一枚持っていないか尋ねた。そして、もし持っているなら一〇〇ペセタ札をもう一枚あげましょうと言って、それを自分の前でひらひらさせた。

彼が一〇ペセタ硬貨をもう一枚取り出したので、私たちは交換を行った。私がさらにもう一枚一〇〇ペセタ札を取り出す前に、彼は一〇ペセタ硬貨を手にして交換を待っていた。今ではほかのオーナーたちも一〇ペセタ硬貨を手に、笑いながら、このおかしなアメリカ人からもうけようと身構えていた。

私はその同じスペイン人オーナーとさらに三回交換を行った。それから私は、こう聞いた。

「一〇ペセタ硬貨と一〇〇ペセタ札との交換は、いつまで続けますか」

私は一〇〇ペセタの札束を高く掲げた。

彼が言った。「あなたの一〇〇ペセタ札がなくなるまでです」

「そのとおり。正解です！」と私は言った。

「それではなぜあなたがたはチケット・セールスの担当者を雇わないのですか」と私が聞いた。

「そのチケット担当のセールススタッフは、あなたがたに一〇〇ペセタ札を渡し、自分では一〇ペセタ硬貨しか取りません。そのチケット担当のセールススタッフは一年を通して一〇〇ペセタ札を渡し続けてくれますが、あなたがたのコストは、一〇〇ペセタ札一枚につき一〇ペセタ硬貨一枚にすぎません」

「それなら、チケット担当のセールススタッフを二人雇ったらどうでしょうか。そうすれば、一〇〇ペセタ札を渡してくれる人が二人になります。じゃあ、三人でもいいはずです……」

部屋にいたオーナーの何人かはそのメッセージを受け取った。一年後、ＡＣＢは私に各チームの入場者数のデータを送ってきた。チケット担当のセールススタッフを雇ったチームはすべて、五〇パーセント以上の大きな伸びを示していた。チケット担当のセールススタッフを雇わなかったチームで、五パーセント以上の伸びを示したところはなかった。

私が出した一〇〇ペセタ札を全部受け取ったオーナーは、チケット担当のセールススタッフを三人雇った。その一年の間に、彼は部屋にいたほかの誰よりも多くの一〇〇ペセタ札を受け取ったが、そのために彼が出したのは一〇ペセタ硬貨だけだった。そのシーズンの終わりに、彼は小包を二つ送ったというファックスをくれた。

一つの小包は金曜日に届いた。中には額に入れた一〇〇ペセタ札が入っていた。その一〇〇ペセタ札の下には、「私は交換を続けた。ありがとう」と刻まれていた。

私はこの額入りの一〇〇ペセタ札をもらっていい気分だった。しかし、二つ目の小包には一体何が入っているのだろう。郵便を待つ以外にすることもない老人のように、私は待った。

ついに月曜になった。もう一つの小包にも、額入りの一〇〇ペセタ札が入れてあった。こちらは次のように刻まれていた。

「私はあなたの戦略を自分のビジネスに適用して、ここでも交換を続けた。ありがとう」

ホッケーのマイナーリーグのあるチームが、チケット担当のセールススタッフを雇う余裕はないと感じた。一人さえもである。そこで、自分の町のはるかに大きくて新しいアリーナで一ゲームだけプレーすることにした。彼らはその一ゲームの宣伝に六万ドルかけたので、ファンたちがやって来た。ふだんの観客動員数は五〇〇〇人かそこらだが、この時は九〇〇〇人だった。チケットの平均の値段は八ドルだから、その一ゲームの入場料収入は三万二〇〇〇ドル増加した。

そのオーナーが私に意見を求めたので、私はこう言った。

「もしその六万ドルをセールス担当者を雇うのに使っていたら、そのシーズンの売上げは六〇万ドル増えていたことでしょう」

あなたなら六〇万ドルと三万二〇〇〇ドルと、どちらを選ぶだろうか。

ここでは例としてスポーツチームを取り上げたが、ほかの業種のビジネスでも同じような思考が見られる。プロのスポーツチーム同様、ほかの業種にも固定費というものがある。プロのスポーツチームの場合、主な固定費は商品（この場合は選手）である。選手のコストは、チームの総収入の七〇パーセントに達することがある。ほかの業種の固定費も、その商品が何であれ、商品である。

企業はすべて、どこかの時点で財政的な引き締めを行う必要がある。その場合、企業はおそらく商品の製造コストを削減することだろう。これはもちろん、その企業の固定費である。というのは、商品がなくては企業も存在しないからだ。

プロ・スポーツの場合は少し違ってくる。プロ・スポーツでは、ふつう商品のコストの削減は行わない。実際は、プロのスポーツリーグは、商品のコストを下げるために、何らかの形でチームのサラリーキャップ制（訳注＝選手の年俸総額の上限を定める方法）を導入している。しかし、ほとんどのチームのゼネラルマネジャーは、サラリーキャップにひっかからずに商品にもっとお金をかける方法を考えつこうと努力しているのだ。私は、商品のコストを下げる方法を思いつくために、少しでも努力したというゼネラルマネジャーには会ったことがない。

財政的な引き締めを行う場合、企業あるいはプロ・スポーツチームはどうしても変動費をターゲットにすることになる。多くの場合、これはセールスとマーケティングのスタッフを意味する。

お金を無駄に使ってセールススタッフを削減する

私は「お金を無駄に使う」気質を持ったチームのコンサルティングをしたことがある。そうしたチームは、三軍の選手に一三〇万ドル使ったばかりでも、オーナーはセールススタッフを強化するために五万ドルを出す余裕はないと言うだろう。それどころか、彼らはコストとして約二万ドルしかかからない若いセールススタッフを辞めさせる必要があると言うはずだ。こうした考え方は、ばかげているといっていいだけでなく、大リーグゆえの愚かさに完全にはまり込んでいるのである。そして、そうした思い切ったことをするのはプロのスポーツチームだけではない。

「わが社は売上げが落ち込んでいましてね」と、ある会社のエグゼクティヴが私に言ったのは、長い飛行機の旅の最中、互いに秘密を打ち明け合っていたときだった。

「それにはどう対応なさっているんですか」と私は尋ねた。

「経費を切り詰めています。たとえば、私がファーストクラスの飛行機に乗るのは、無料の航空券が使えるときだけです」とそのエグゼクティヴは言った。「それから、ああそうそう、セールススタッフとマーケティングの費用も削減しています」

私は、彼がプロのスポーツチームで仕事をしたらどうなるだろうかと思った。

経営がきびしくなったら変動費（セールススタッフ）を増やせ

主張の正しさを示すためには、ときには、ばかげた例が必要になる。次もそのケースだ。私はメジャーリーグの野球を例に挙げて、経営がきびしくなったら変動費を増やすときだというのが、いかに正しいかを明らかにするつもりだ。そうなのだ。経営がきびしくなったら変動費を増やすことだ。

このばかげた例は、一九九四年一〇月、ワールドシリーズがなかったときに始まる。オーナーたちは選手に対してサラリーキャップ制を導入して固定費を下げようとしていた。その部分はばかげてはいない。メジャーリーグのチームはお金を無駄に使う完璧な例だった。選手たちは当然、その問題について交渉することすら拒絶した。こうして、シーズン後半のペナントレースもワールドシリーズも中止になった。

膠着《こうちゃく》状態は冬中続き、春にもつれ込んだ。春季キャンプもなかった。メディアは、一九九五年のシーズンもすべて中止になるかもしれないと予測していた。チームは一体何をすればいいのか。たいていの野球チームはその変動費、つまり選手以外の費用に注意を向けていた。こうしたチームは、経理部門やPR部門、あるいはエグゼクティヴを標的にすることはなかった。標的の中心はチケット担当のセールススタッフだった。多くの場合、セールス部門の全員が解雇された。野球がなければ、チケット担当のセールススタッフも必要なかった。経営がきびしくなったら変動費を削れ。理屈に合った考え方ではないか。

ところで、メジャーリーグの野球チームは、そのマーケティングのほとんどをシーズンオフに行っている。野球のシーズンが終わると、次のシーズンへ向けての実質的なマーケティングがスタートする。実際多くの場合は、チームのチケット収入の八〇パーセントはシーズンオフの六カ月の間に得ていた。

ワールドシリーズが中止されて一カ月かそこらして、メジャーリーグの野球チームの一人のオーナーが電話をしてきて私にアドバイスを求めた。そのとき、私はニュージャージー・ネッツの社長だった。

「セールススタッフを増やすことです」と私は言った。

「何ですって?」とそのオーナーが言った。彼はたぶん、私の言ったことを聞き違えたと思ったのだろう。

「セールススタッフを増やすことです」と私は繰り返した。「いつかは野球も再開されるでしょう。もし冬の間、チケットを売らずにいたら、何百万ドルもの損失を出すことになるでしょう」

「しかし、交渉の進み具合からすると、一九九五年のシーズンもほとんど中止になるかもしれません。それがわかっていてチケットを買う人がいますかね。こうした悪条件のもとで売るのは無理じゃないですか」

確かに状況はきびしかった。

「おたくのファンに必要なのは保証です。あなたは、ファンの心から不安感を取り除く必要があります。保証があれば、マーケティングもできるようになるはずです」

NBA自身も、選手組合との難しい交渉を進めていた。何らかのストライキがあるとしても、ネッツではすでに方策を考えてあった。われわれはファンに次のような保証をつけることにしたのである。

〈プレーされなかった、それぞれの試合に対してプライムレートの金利をつける〉。ストライキで試合が中止になった場合は、シーズンチケット保有者(およびほかのチケット・パッケージの購入者)が払った金額に、プライムレートの金利をプラスして払い戻すことにした。利息は、購入した人が代金を全額支払った時点から、われわれが払い戻し金の小切手を切る時点までの分を計算することにした。

ストライキが本当に行われそうな気配になり、保証の準備も整ったとき、一人のシーズンチケット保有者が私に電話してきて、シーズンすべてが中止になる見込みがあると思うかと尋ねた。

私は理由を聞いてみた。

「それはですね、プライムレートの金利が、自分の利息よりいいからなんです。もしシーズンすべてが中止になるんだったら、シーズンチケットをもっと買っておいてもいいかなと思って」

私は野球チームのオーナーに、われわれが考えていることを説明した。それから私は電話したまますばやく計算をしてみた。その結果、保証をつけても野球チームにとっては、わずかなコストしかかからないことがわかった。というのは、一試合当たりのプライムレートの金利は、一ゲーム一五ドルのチケットで二五セントにしかならないからだ。野球のストライキが八一試合のホームゲームの全シーズン続いたら、シーズンチケット保有者はシーズンチケット一セットにつき二〇ドル二五セントの利子を受け取ることになるだろう。

これは保険と考えれば実に安いものだ。当てにならない労使の状況の中で信頼を得るためのコストとすれば安いのだ。

「保証があれば、セールススタッフもいま売り込みができます。野球が行われるなら、すばらしいことです。ファンは望んでいたもの、つまり野球を見ることができます。ゲームが中止になっても、ファンは経済的な損害を受けることはありません。実際には得をするのです」

電話の相手は押し黙っていた。

やっとそのオーナーが口を開いた。「いま、考えているところです」

さらに沈黙が続いた。

「われわれは代わりの選手のことを話しているんですよ」とオーナーが出し抜けに言った。「つまり、非組合員で、去年どこのプロ野球でもプレーしていない連中のことです」

「もう一つ保証をつけるというのはどうですか」と私が言った。いまや、彼は私が本当にクレージーだと思ったに違いない。

「この保証では、メジャーリーグの大多数の選手がプレーすることになれば、ファンはチケットの全額を払うこととします。もしプレーするのが非組合員なら、大幅な割り戻しをするのです。いずれにせよ、非組合員とは何百万ドルといった契約はしないでしょうからね。さてそこで、あなたがたは再びチケットのセールスに戻るというわけです。ただ、こうした保証をつけても、メディアは、交渉について否定的なことを言うからセールスはなかなか大変でしょう。あなたがたが去年と同じレベルを保つのさえ、セールススタッフを増やさなければ無理だと思います。しかし、少なくともセールスは続けられるでしょう」

また沈黙があった。

「あなたのアドバイスについて少し考えてみたいと思います」とオーナーが言った。「まだお聞きしたいことがありますから、二、三日してまた電話します」

電話はこなかった。このオーナーは、ほかのメジャーリーグの野球チームのオーナーと同じことをした。彼はチケット担当のセールススタッフを増やすどころか、全員解雇した。

一九九五年の四月になって、連邦裁判所は野球を再開するようにという命令を下した。チームは先を争って短めの遅い春季キャンプを行った。この時にはすでに、何千人という避寒客が、自分のひいきのチームがレギュラーシーズンに向けて練習するところを見たいとフロリダやアリゾナを訪れる時期は終わっていた。この間に合わせの春季キャンプの二週間後、オフィシャル・シーズンがスタートした。その二週間の間に、チームは大急ぎでセールススタッフをかき集めた。その二週間の間に、急いで集められたセールススタッフは、ふつうなら六カ月かかるセールスの数字を出さなければならなかった。

野球が突然始まったとき、多くの野球チームはシーズンチケットの売上げが四〇パーセント減少した。こうしたチームは、チケット担当のセールススタッフを解雇していた。そのため、チケット更新の請求書を受け取ったシーズンチケット保有者に対応しようにもセールススタッフがいなかった。あったのは、シーズンチケットの更新の請求書と、おびただしい量の否定的な報道だけだった。また、更新できなかったシーズンチケットの代わりに、新たにシーズンチケットを売るセールススタッフもいなかった。

オーナーが私に電話してきたチームは、通常は一シーズンの間に四〇万枚のグループチケットを売っていた。そうしたセールスの九〇パーセントはシーズンオフに行われる。シーズンが始まったとき、グループチケットは一枚も売れていなかった。彼らは結局、およそ一〇万枚のグループチケットを大幅な割引価格で売った。グループチケットのセールスによる収入は、およそ三〇〇万ドルから六〇万ドル以下へと落ち込んだ。

メディアは、そのチームは一九九五年のシーズンの間に約一五〇〇万ドルの損失を出したと報じた。その年全体のセールススタッフの費用は、歩合や手当などすべてを含めても五〇〇万ドルほどにすぎなかった。もしセールススタッフを強化していれば、もう一〇〇万ドルかかったかもしれない。

これは、いま払うか、それともあとで払うかというケースだといえる。この場合、セールススタッフに六〇〇万ドル払うか、それともセールススタッフなしで一五〇〇万ドル損するかということだったのだ。

経営がきびしくなったときこそ、ジャンプ・スタート・マーケティング

いまは、経営がきびしくなると従業員を解雇するのがふつうのやり方のようだ。もちろんそれは、一時的にウォール街をなだめるだけのおざなりの方法だ。こうした会社のCEO（最高経営責任者）が、斧をつかんで従業員のクビを切るのが男らしいやり方だと考えている場合もある。そうすればウォール街からは尊敬されるからだ。そうしたCEOは、人々を解雇するのは賢明で安全なやり方だと確信している。しかし、きわめてひどい状態にある場合以外は、人々を解雇しても、ふつうは〈収入の不足〉という問題を隠蔽《いんぺい》するだけである。この収入の不足の責任はCEO以外の何かに負わされるのがふつうである。経済のせいにすれば簡単だし、しばらくすれば、CEOやほかの人たちもそれは経済のせいだと信じ込んだだろう。このことが、その会社にはジャンプ・スター

ト・マーケティングが必要だという認識を、さらに後退させることになる。もしジャンプ・スタート・マーケティングをさらに後退させれば、さらに多くの人を解雇することになり、ついにはCEOが解雇されるだろう。

経営がきびしくなったときは、それがたとえ経済の悪化によるものであっても、ジャンプ・スタート・マーケティングを使うときなのだ。ほとんどの場合、これはセールススタッフを増やすことをも意味することになる。

会社がすでに順調にいっていて経済状況もいいときに、ジャンプ・スタート・マーケティングの原則を使ったら何が起こるだろうか。これはすごい！　そのときウォール街が何をするか考えていただきたい！

Test

❶経営がきびしくなったときの紋切り型の反応は、従業員を［　　］ことである。しかし、もっとよい対応策は、セールススタッフを［　　］ことである。

❷あるセールススタッフが100ドル稼ぐのに、そのコストが10ドルなら、セールススタッフはどこまで増やせばよいか。

答え

❶解雇する、雇う

景気がいいときというのは、１カ月の休暇をとって豪華なリゾート地へ行くようなものである。食べ物は豊富でおいしく、脂肪とカロリーがたっぷり含まれている。ほとんどの人は、いまはここで少し楽しんでおいて、家に帰ったらダイエットをしようと言うだろう。会社は、景気がいいときには不相応に大きくなりすぎることがある。そのときはダイエットをすればよい。ダイエットは必ずしも飢餓療法を意味しない。ビジネスの場合、ダイエットというのはポストがあいても人を補充しないことを意味することがある。今日の世界では、企業はダイエットを考えるのではなく、大手術をしようと考える。このタイプの手術は脂肪を取り除くだけでなく、骨にまで食い込むのだ。

景気がいいときには、会社は好きなだけ人を雇わないように注意する必要がある。私はいつも、めざましい成長ぶりを示す会社と関わってきたので、景気がいいときにセールススタッフ以外の人たちを雇うことについて、一つの経験法則を持っている。

私の経験法則の核心となる規定は、職業意識のしっかりした人を雇うよう、心がけるということだ。それがうまくいったときは、彼らの能力を試すような十分な仕事と機会を与えるようにする。一定期間の仕事がきつすぎるというレベルに近づいたとき、そのレベルでは仕事量をさらに増やすと生産性が上がらなくなるはずだ。私は仕事の負荷を軽くするために人を雇うことにしている。つまり、仕事はすでにそこになければならないのだ。８人の人が10人分の仕事をしているとしたら、私は９人目の人を雇うだろう。こうすれば、11人分の仕事ができるはずだ。

この哲学を使うなら、セールススタッフ以外の人たちを雇いすぎることはまずないといっていい。

❷少し前、メジャーではないスポーツリーグから、トップのエグゼクティヴに話をしてほしいと頼まれた。メジャーではないスポーツリーグというのは、ＮＦＬ（全米フットボールリーグ）、ＮＢＡ、野球のメジャーリーグ、それにＮＨＬ以外という意味である。

チケット担当のセールススタッフを雇うことについての私の主張をはっきりと示すために、今度もお金を使うことにした。今回はスペインのペセタではなくドルだ。これを始める前に、私はエグゼクティヴのうち、財務畑から現在の地位に上りつめた人がどれくらいいるのか質問してみた。およそ半数のエグゼクティヴが手を挙げた。

「よろしい、このちょっとしたデモンストレーションは手を挙げた人たち向けのものです」と私は言った。それから、自分のポケットから10ドル札を取り出してグループに向かって振ってみせた。

私は尋ねた。「誰か、この10ドル札を１ドルと交換してくれませんか」

誰からも反応がなかった。ただそこに座っているだけだった。

そこには通訳はいなかったから、訳しそこねたわけでもない。私は英語を話す人たちに英語で尋ねていたのだ。

ついに、私は１人の人を選び出して彼の方へ歩いていった。「１ドルは持っていますか」と私は聞いた。

その人は持っていた。彼はそれを取り出したものの、そのまま手に持っていた。

「この人は財務家タイプだとわかります」と私は言った。「彼はこう考えています。１ドルをあきらめて10ドルを手に入れるべきかどうかとね。自分のドルは支出項目になるともね。マーケティングをする人間なら、これは保証つきの投資とみなすでしょう。彼が私に１ドルくれたら私は彼に10ドルあげます」

私たちは交換を行った。それから私は彼にもう１ドル持っていないか尋ねた。持っていた。私は10ドル札をもう１枚取り出した。「この10ドルとあなたの１ドルを交換しましょう」

今度は彼の交換のスピードが少し速くなった。

「この人はこつがわかってきたようです」と私は言った。「マーケティングをする人間のような考え方をし始めたのです」

会社をジャンプ・スタートさせようと思ったら、マーケティングをする人間として考える必要がある。財務家タイプの人間はすでに会社の骨に食い込んでしまっていることだろう。マーケティングだけが、その会社に生き生きとした躍動を与えることができるのだ。

あとがき

チャールズ・ディケンズが『二都物語』を書いたとき、彼が実際にニュージャージー・ネッツのことを考えていたのはすばらしいことだと思う。ディケンズが『二都物語』を書いたのはニュージャージー・ネッツが生まれる一〇〇年も前だという事実にとらわれないでいただきたい。彼はただ、時代を先取りしていたのだ。アルバート・アインシュタインならきっとそれを説明できただろう。

そこで、最後のエピソードは、チャールズ・ディケンズのニュージャージー・ネッツに対する賛辞である。

それは最高の時代でもあれば、最悪の時代でもあった。叡智の時代でもあれば、愚かさの時代でもあった。信念の時代でもあれば、不信の時代でもあった。光の季節でもあれば、暗黒の季節でもあった。希望の春でもあれば、絶望の冬でもあった。われわれの行く手にはすべてがあるようでいて、先には何もなかった。われわれは皆まっすぐ天国へ向かっているかのようだったが、まっすぐ逆の方向へ向かってもいた……

私がニュージャージー・ネッツの社長として初めて仕事にとりかかったとき、私はオーナーたちに、自分の目標はネッツを世界に通用するフランチャイズにすることだと言った。二、三人のオーナーは目を回した。

最初のスタッフ会議で、私は同じことを言った。二、三人の従業員が大声で笑った。一年もしないうちに、オーナーとネッツの従業員たちは、あわれなネッツが本当に世界に通用するフランチャイズ目指して前進しているということを見、聞き、感じることになった。

オーナーの一人が私に言った。

「理事会の会議（各チームのオーナーからなる）で、以前はわれわれのアドバイスなど聞こうという人は一人もいなかった。それがいまでは、何人ものオーナーがわれわれのところで足を止めて、おたくではいったいどうやって経営を好転させたんですかと聞くんだ」

NBAには、オーナーの会議があるだけでなく、従業員も別の集まりがある。こうした会議は、チケット・マーケティングから広報活動やスポンサーシップ・セールスにいたる分野をカバーしている。ふつう、チームは五〜七人の従業員を送っていた。ネッツの従業員たちは、会議へはそっと入って後ろの席に座るのが常だった。しかし、ジャンプ・スタート・マーケティングを導入してからは、その同じ従業員たちが少し誇らしげに入ってきて、前の席にきちんと座るようになった。もういちばん後ろの席に座る必要はなくなったのだ！

チームはもちろん、少しもよくなってはいなかった。ネッツはいまでもお粗末だった。選手名簿には、バスケットボールのプレーや試合を楽しいとは思わない選手の名前がずらっと並んでいた。その一つの例を紹介しよう。シーズンの終わりごろ、ネッツの選手の一人が、ゼネラルマネジャーのウィリス・リードのところにやってきた。

「ぼくは早く家に帰りたいんですが」とその選手が言った。

「《早く家に帰る》というのはどういう意味だね」とウィリスが尋ねた。

「ぼくの家がサンアントニオにあるもんで、明日帰って家の戸を開けて風を通したいんです」

「それはだめだ」とウィリスが言った。「スケジュールではまだ八試合残っているんだ」

「どうせ全部負けですよ」

ウィリスはその選手に、君は残りの試合に出なくてはならないから早く家に帰ってはいけない、と厳しく言いわたした。

次の日、その選手は背中が痛いと言い出した。骨折や靭帯《じんたい》の損傷などと違って、「背中の痛み」というのは原因の特定や診察が難しい。標準的な手続きとしてはその選手をチームドクターのところへ行かせることだったので、われわれはそうした。チームドクターは、椎間板の腫れのようなはっきりとした症状はみられないから、たぶんただの捻挫だろう、と言った。その選手は、背中の専門家のセカンドオピニオンがほしいと言った。その専門家はたまたまサンアントニオに住んでいた。その選手は結局、残りの八試合を欠場した。サンアントニオの家は戸を開けて風を通すことができたわけだ。

この手の選手がいても、われわれのマーケティングでの成功は永遠に続いたはずだ。

われわれは自分のマーケットを知っていた。

自分が誰かを知っていた。

チームが自分たちを救ってくれないことを知っていた。

そしてイノヴェーションに没頭していた。
そう、われわれはマーケティングでの成功を永遠に続けることができたのだ。

「世界に通用する」という言葉が身近になって、しばしば私の前に姿を現わすようになった。しかしチームがお粗末では、世界に通用するチームには決してなれないことは私にもわかっていた。私がいくらチームの将来に希望をかいま見ようとしてみても、何も見えなかった。私が見たのは、ネッツがこれまで選手リストに載せてきたタイプの、私を悩ませた選手だった。そうした悩みが私をいらいらさせていた。というのも、私はネッツの社長になったとき、選手人事に関する決定への投票権が自分にないことを知ったのだ。

　私が契約書にサインしたときも、まずまずの過去と、しかるべき将来がないチームに運がないことはわかっていた。しかし、これはジャンプ・スタート・マーケティングの原則を証明する完璧な実験室だったのだ。われわれはそれを証明した。そしてそれを証明することで、ジャンプ・スタート・マーケティングの中を曲がりくねって進む断層線が浮かび上がってきた。

　この本のテクニックを試していただければ、ジャンプ・スタート・マーケティングの有効性はおわかりだろう。しかし、最高ではない商品のマーケティングに成功したとき、あなたは自然に目標を高くしていることだろう。あなたはこれらの商品のマーケティングを首尾よく続けることもできるのだが、いまではジャンプ・スタート・マーケティングの原則を使ってよりよい商品のマーケティングをしたいと思うはずだ。もしかするとそれはほぼ最高の商品かもしれない。

この断層線は、ジャンプ・スタート・マーケティングに別の視点をもたらした。ジャンプ・スタート・マーケティングは次の二つの可能性を与えてくれるのだ。

ほぼ永遠に続く成功

> ジャンプ・スタート・マーケティングを導入することで、あなたは長期にわたって大きな成功を手にすることができる。それは単なる一時的な間に合わせの解決策ではない。それは成功を保証する、継続的な企業のライフスタイルになりうるのだ。年を経るにつれ、あなたの商品はよりよいものになっていくだろうが、毎年成功を重ねるためには最高の商品である必要はない。

> ジャンプ・スタート・マーケティングによって、あなたは世界に通用する企業に発展するための時間を稼ぐことができる。

世界に通用する企業

それを次のように考えてみよう。ジャンプ・スタート・マーケティングを使えば、最高ではない商品の売上げを伸ばすことができる。それは長期にわたって続く可能性がある。これをしている間に、あなたはさらによい商品を開発することができる。この商品はその分野では最高の商品になるかもしれない。これが何を意味するか考えていただきたい。あなたは最高ではない商品で成功する方法を学んだはずだ。同じジャンプ・スタート・マーケティングの原則を使うとしたら、ほぼ最高の、あるいは、最高の商品で何ができるか考えてほしい。それが世界に通用する方法なのだ！

私のネッツとの契約は二年間で、一九九五年の三月までだった。ネッツのコンサルタントとして二年間、社長として二年間すごした後、私は前へ進むときだと感じた。しかし、労使間の対立という問題もあったから、すぐに新しいことを始めるわけにもいかなかった。私は、NBAと選手組合が合意に達するまで、ひと月ごとの契約でネッツにとどまっていた。

一九九五年九月一日に合意が成立したので、私は辞職した。私たちはオレゴン州ポートランドへ帰ることにしていた。

ポートランドへ戻るのは簡単だった。私たちはポートランドの家も、海辺の「ナゲットハウス」も手放してはいなかったからだ。妻と私はニューアーク空港で飛行機に乗って家に戻ればよかった。

二週間後、私はアイルランドにいて、風の中でゴルフをし、ギネス・ビールを傾けながら、この本を書いていた。本を書いている間に、いくつかのプロのスポーツチームのコンサルタントの仕事も引き受けた。ジャンプ・スタート・マーケティングは、ニュージャージーと同じく、それぞれの地域でも有効に働いた。

私もまたいつか再びチームを率いることになるかもしれない。そのときは、そのマーケットに来ていただきたい。シーズンチケットも買ってほしい。最初ははっきりとはわからないかもしれないが、あなたは新進の、世界に通用するチームのチケットを買うことになるのだ。

お互いの将来の楽しみに思いを馳せようではないか。

訳者あとがき

本書のキーワードとなっている「ジャンプ・スタート」という言葉には、「(経済などを)思い切った手段で活性化させる、活を入れる」といった意味がある。停滞気味のセールスやマーケティング、さらに商品や会社をジャンプ・スタートさせるにはどうしたらいいのか、というのが本書のテーマであり、著者ジョン・スポールストラは自らのマーケティング体験で実証した「ジャンプ・スタート・マーケティング」という実践的なルールを読者に教えてくれている。

しかし、この著者のマーケティング体験というのが並たいていのものではない。アメリカプロバスケットボールNBAのチームであるネッツのコンサルタントとなった著者が売り込むべき商品は、ゲームでもチケットの売上げでもリーグでほぼ最下位という、およそ理想とはかけ離れたチームだった。しかし、著者は、大胆な発想の転換によって、短期間に大幅に売上げを伸ばすことに成功する。

この本のユニークさは、著者がこうした不可能とも思えるマーケティング環境の中で驚異的な実績を上げたという体験をふまえていることであり、そこから伝わってくるのは、著者の不屈のマーケティング精神である。

しかし、本書の原則を読んでいけばわかるように、著者の勧めるマーケティングはただ猛烈に売り込むといったやり方ではない。マーケティングの基本はきちんと押さえ、現状を冷静に分析した上で、与えられた条件をいかにうまく利用すれば最大限の効果が得られるかということに知恵をしぼる。そのために、著者が重視するのはイノヴェーションであり、これはそれまでのやり方をくつがえすことで道を切り開いてきた著者の基本姿勢でもある。こうした革新的なマーケティングによって、著者はついに「誰も欲しがらない」商品を売り込むことに成功するのである。

著者のジョン・スポールストラは、アメリカでは最も有能なプロ・スポーツのマーケターの一人と言われている。一九七九年から一九九〇年までNBAのポートランド・トレイルブレイザーズのゼネラルマネジャー兼副社長、一九九一年にニュージャージー・ネッツのコンサルタントとなった後、一九九五年までCOO兼社長を務め、現在は自らスポーツ・マーケティングのコンサルタント会社を経営しているという。

スポーツ・マーケティングというのは、日本ではまだあまりなじみがないが、アメリカでは二〇年ほど前から実践されるようになってきた分野である。二〇年前といえば、プロのスポーツそのものが、大きく変わってきた時期である。プロ・スポーツの商業化が進み、選手の年俸が上昇したことで、チームの経営にもマーケティングを取り入れる必要が出てきたのである。

著者はいわばこうした時代の要請に応えるかたちで、アメリカのスポーツ・マーケティングの先頭に立ち、その歴史を生きてきた人物といってよいだろう。

現在、日本では依然としてモノが売れない状況が続いている。こうした中にあって、二一世紀という時代のビジネスでは、マーケティングの重要性がますます高まると言われている。本書からヒントを得ることで、一人でも多くの読者がそれぞれの「創造的な」マーケティングを実践されるよう願ってやまない。

最後に、本書の翻訳の機会を与えていただき、細かいところまでサポートいただいたいたきこ書房の編集部の皆様、ならびに株式会社バベルの鈴木由紀子さんに、厚くお礼申し上げます。

二〇〇〇年五月

中道　暁子

【著者紹介】

ジョン・スポールストラ　Jon Spoelstra

1968年ノートルダム大学（コミュニケーション専攻）卒業、78年NBA（全米バスケットボール協会）のポートランド・トレイルブレイザーズ副社長、89年デンバー・ナゲッツの社長兼CEO。91年、NBAで観客動員数最下位だったニュージャージー・ネッツの社長兼CEOとなり、独自のマーケティング理論を適用して、NBAの27球団中、一位のチケット収入伸び率を達成した。ネッツ引退後はSROパートナーズを設立し、会長に就任。現在、マンダレー・スポーツ・エンターテインメントのプロ・スポーツ部門担当社長。

【訳者略歴】

中道暁子（なかみち・あきこ）

東京大学文学部英文科（英語英米文学専修課程）卒業後、出版社に勤務し、約6年間英和辞典の編集に関わった。現在は、フリーランスで英語関係の辞書の編集や翻訳に携わっている。

エスキモーに氷《こおり》を売《う》る

2000年7月7日　初版発行
2006年7月15日　初版15刷発行

著　者……………………………ジョン・スポールストラ
訳　者……………………………………………中道暁子《なかみちあきこ》
装幀者……………………………………………本山吉晴
発行者……………………………………………高松里江
発行所……………………………………………きこ書房
東京都新宿区西新宿2-6-1　新宿住友ビル36階
電話　03(3343)5364
ホームページ　http://www.kikoshobo.com

印刷・製本　株式会社 光邦

©Kiko Shobo 2000
ISBN4-87771-058-2
落丁・乱丁本はお取り替えいたします。　Printed in Japan
無断転載・複製を禁ず

きこ書房　話題の本

エスキモーが氷を買うとき
ジョン・スポールストラ
宮本喜一訳

勝てない、人気もないNBAチームの試合が、なぜ満員になるのか？　常識破りのマーケティングは、弱小チームの収入さえ劇的に伸ばす！

定価1680円

仕事は楽しいかね？
デイル・ドーテン
野津智子訳

仕事は楽しいかね？　大雪のため閉鎖された空港で出会った老人の問いかけに動揺する主人公。うだつの上がらない彼に老人は一晩だけの講義を行う……

定価1365円

仕事は楽しいかね？　2
デイル・ドーテン
野津智子訳

自分の望む以上に出世したことで、中間管理職としての悩みに襲われた主人公。マックス老人が彼に伝授した、上司と部下が理想の関係を築く方法とは？

定価1365円

成果責任《アカウンタビリティ》は、誰にある？
ジュリアン・フェアフィールド
曽根原美保訳

業績不振の銀行を舞台に、主人公ジムはいかなる再建プランを練り上げるのか？　組織階層のあるべき姿やアカウンタビリティの重要性を説く。

定価1470円

きこ書房　話題の本

聴覚刺激で目覚める
超記憶力！

田中孝顕監修

4倍速の音声を、文章を目で追いながら聴く「逆聴」トレーニングで、あなたの記憶力に奇跡が起きる！「速聴」CD付き

定価1785円

願望がみるみる実現する
クイック自己改造

田中孝顕

日本で誰も手をつけていなかった「脳力開発」分野に生涯を捧げている著者が、願望実現のため、科学的に体系化された成功のルールを解き明かす。

定価1575円

劇画版　思考は現実化する

田中孝顕監修

「20年」の歳月と「無報酬」という条件のもと、「万人に通じる成功プログラム」はどのように開発されたのか。マンガでわかる成功哲学！

定価1365円

図解　思考は現実化する

田中孝顕監修
ナポレオン・ヒル財団
アジア／太平洋本部編

ナポレオン・ヒルの「成功哲学」が図解版となって登場。ビジネスの現場に役立つの「成功哲学」を、分かりやすく、徹底的に解説。

定価1050円